MICHEL PLISSON

TANGO

MICHEL PLISSON

TANGO

VORWORT VON
HORACIO FERRER

AUS DEM FRANZÖSISCHEN
VON KONSTANZE FISCHER

PALMYRA

Die Originalausgabe erschien 2001 unter dem Titel
Tango: Du noir au blanc
bei Cité de la Musique/Actes Sud.

Für die deutschsprachige Ausgabe wurde das französische Original aktualisiert. Die Begriffe in eckigen Klammern wurden von der Übersetzerin hinzugefügt. Das Vorwort übersetzte Torsten Waack.

Der Palmyra Verlag dankt Michel Plisson, Horacio Ferrer, Alfredo Alderete, Torsten Waack, Christel Knorrn und Olaf Herzog von *Tangodanza* für ihre Mithilfe.

Die Deutsche Bibliothek – CIP-Einheitsaufnahme

Ein Titeldatensatz für diese Publikation ist bei der Deutschen Bibliothek erhältlich

PALMYRA VERLAG, Hauptstraße 64, 69117 Heidelberg
Telefon 06221/165409, Telefax 06221/167310
e-mail: palmyra-verlag@t-online.de
www.palmyra-verlag.de

Lektorat: Kathrin Razum
Umschlaggestaltung: Georg Stein, Birgit Schlegler
und Christoph Morlok
Umschlagfoto: Ricardo y Nicole, Maximo Parpagnoli (Fotograf)
Satz: Clemens Brunn
Druck und Bindung:
Druckerei Ernst Uhl, Radolfzell am Bodensee
Printed in Germany
ISBN 3-930378-42-6

INHALT

EINE REAKTION AUF DIE RÄTSEL DER MENSCHLICHEN EXISTENZ

VORWORT VON HORACIO FERRER

In seinem Buch *Flamenco, Jazz y Tango, las orillas de un ancho río* (»Flamenco, Jazz und Tango, die Ufer eines Stroms«), zu dem ich ebenfalls das Vorwort schreiben durfte, behauptet mein alter Freund, der andalusische Dichter José Luis Salinas, daß die Tänze und Gesänge des 19. Jahrhunderts alle aus Hafenstädten stammen, in denen man große Volksfeste feierte: Sevilla, Cádiz, Havanna, New Orleans, Rio de Janeiro, Buenos Aires, Montevideo. Seeleute aus einer Handvoll Ländern haben demnach als Boten der Musik, der Dichtkunst und des Tanzes ihre kulturellen Schätze in alle Welt getragen.

Als ich 1954 in Montevideo nach dem Vorbild der Jazzclubs den Club de la Guardia Nueva als Institution zur Erforschung und zum Studium des Tangos gründete, prägte ich damit zugleich den Begriff für ein wichtiges Kapitel in der Geschichte dieser Musik. Die Großen jener Zeit – Troilo, Piazzolla, Galván, Rivero, Francini, Goyeneche, Salgán, Pugliese – unterstützten uns auf ganzer Linie, weil sie merkten, daß sich endlich jemand ernsthaft mit der Stilistik des Tangos beschäftigte.

Durch meinen damaligen jugendlichen Tatendrang hatte ich an zwei bedeutenden Entwicklungen teil: zum einen am musikalischen Werdegang Astor Piazzollas, den ich als Veranstalter von Tango-Konzerten unterstützte, und an der dichterischen Avantgarde, die ich 1967 mit dem Libretto für Astors zweiaktige Tango-Oper *María de Buenos Aires* begründete. Aus der künstlerischen Zusammenarbeit mit Astor ist in zwanzig Jahren ein gemeinsames Werk von 75 Titeln entstanden.

Zum anderen hat der Club de la Guardia Nueva die »Tangologie« als Wissenschaft vom Tango hervorgebracht, die in einem knappen halben Jahrhundert rund tausend Abhandlungen vorgelegt hat. Aufbauend auf den Arbeiten der Tango-Gelehrten vom Río de la Plata (Rossi, Bates, Vega, Ayestarán, Lamadrid, Sierra, Vidart, Puga, Gobello, Salas, Del Priore, Zuchi, Soria, Lucchi, Azzi), verbreitete sich die Tangologie, wie der Tango selbst, in der ganzen Welt. Zu ihren internationalen Vertretern gehören Pierre Monette (Kanada), Beatrice Humbert und Michel Anfrol (Frankreich), Enrique Cámara de Landa (Italien), Gómez de la Serna, José Luis Salinas, Patricia Gabancho, Xavier Febrés und Javier Barreiro (Spanien), Sushei Hosowaka (Japan), Dieter Reichardt (Deutschland) sowie Simon Collier (England und USA).

Michel Plisson, weltweit renommierter Experte für die Populärmusik Argentiniens, stellt uns nun sein Buch *Tango* vor. Als Intellektueller und Musikwissenschaftler untersucht Plisson das Wesen des Tangos, seine Stimmungen, seine wechselnden Rhythmen, seine Orchestrierung, seinen Ausdruck. Dabei berücksichtigt er stets die avantgardistische und weltläufige Natur dieser Musik, ihre gesellschaftliche Kraft, die Psychologie ihrer Jünger, deren anstrengendes Künstlerdasein, ihre Kleidung und Regeln sowie die sonstigen realen und irrealen Elemente der Tango-Subkultur.

Der deutschsprachige Leser wird auf den folgenden Seiten einen verläßlichen Leitfaden zu Geschichte, Epochen, Stilrichtungen, Schulen und Techniken finden, und dies alles wird ihm verständlich machen, warum der Tango vor allem anderen die Reaktion einer Gemeinschaft auf die Rätsel der menschlichen Existenz ist. Zum Hören der beiliegenden CD, die die emotionale Kraft dieser Musik vermittelt, möchte ich Ihnen, liebe Leser, den folgenden Satz aus meinem *Liebesbekenntnis an den Tango* ans Herz legen: »Meine Liebe, am besten lebt und hört man den Tango aus weniger als zehn Metern Entfernung – oder aus mehr als zehntausend Kilometern.«

Buenos Aires, März 2002

Horacio Ferrer ist Gründer und Präsident der argentinischen »Academia Nacional del Tango« und Tango-Dichter

EINLEITUNG

Der Tango entstand in Lateinamerika, im Gebiet des Río de la Plata, einer Region, in der der gewaltige Paraná ins Meer mündet und einen Teil Argentiniens und Uruguays umspült. Wenn heute der Tango, Tanz wie Musik, untrennbar mit den Städten Buenos Aires und Montevideo verbunden ist, so ist er doch gleichzeitig eine Welt für sich, in der sich noch sehr alte, traditionelle Musikrichtungen und Tänze schwarzafrikanischen Ursprungs entdecken lassen (*candombe*, *tango*, *milonga*), die durch die Einwanderung zahlreicher Europäer nach und nach verändert wurden, was zu einer sozialen Umstrukturierung des städtischen Gefüges am Río de la Plata führte. Heute ist der Tango die Musik einzelner Komponisten, doch er konnte in dieser Region aus einem enormen Bestand traditioneller und anonymer Musik schöpfen, einer Musik, in der auch die Traditionen anderer Regionen Lateinamerikas nachhallen. Diese These, eine Hommage an die Tradition, ist das Ergebnis historischer und musikwissenschaftlicher Untersuchungen. Es ist daher wichtig, die Ursprünge und die Entwicklung des *tango porteño*, des Tangos aus dem Gebiet am Río de la Plata, zu beleuchten.

Ein weiterer Grund, sich mit der Entstehungsgeschichte des Tangos zu befassen, ist seine anhaltende Mystifizierung. Sie setzte erst später ein, als er bereits zu einem Streitobjekt der verschiedenen sozialen Gruppen geworden war, die ihn als ihr Eigentum betrachteten und für ihre Zwecke nutzen wollten, insbesondere nach dem Tod von Carlos Gardel. Die Mystifizierung Gardels führte zu einer Verleugnung der niederen Herkunft des Tangos und dadurch zu nachträglich konstruierten phantastischen Erklärungsversuchen. Doch der Gardelsche Tango ist nur eine Facette des Mysteriums Tango.

Nicht zuletzt haben neue Erkenntnisse zahlreicher Autoren, Forscher und Musiker über die musikalischen, sozialen und geschichtlichen Ursprünge dazu beigetragen, neue Sichtweisen auf den Tango zu eröffnen.

Viele Werke, insbesondere die aus Argentinien, der Hauptquelle der schriftlichen Dokumentation, behandeln den literarischen, poetischen, linguistischen, psychoanalytischen oder sogar den biographischen Aspekt des Tangos. Ich habe mich für einen eher musikwissenschaftlich und soziologisch gewichteten Ansatz entschieden: Es soll versucht werden, den Tango mit den herrschenden sozialen Kräften in Beziehung zu setzen; ein Ansatz, der eher dem aktuellen Forschungsstand entspricht und der von meiner Erfahrung im Bereich der lateinamerikanischen Musik gestützt wird.

Der Tango hätte 1999 einen runden Geburtstag feiern können. Denn da war es genau ein Jahrhundert her, daß der in Uruguay geborene, aber in Buenos Aires lebende Pianist Manuel O. Campoamor »El sargento cabral« komponierte. Von einem befreundeten Komponisten sorgfältig notiert, wurde diese Musik wenig später veröffentlicht. Etwas früher, 1897, hatte der Mulatte Rosendo Mendizábal das Stück »El entrerriano« geschrieben und in der *casa de baile* María la Vasca gespielt, einem sehr bekannten Tanzlokal in Buenos Aires, in dem er regelmäßig als Pianist arbeitete. Im allgemeinen geht man davon aus, daß mit diesen beiden Ereignissen der *tango porteño* seinen Anfang als eigenständige Musikrichtung nahm. In ihrer gedruckten Form fand diese Musik in Amerika, aber auch in Europa rasche Verbreitung. »El sargento cabral« gelangte zusammen mit einigen anderen Titeln wie »La morocha« und »El choclo« nach Frankreich und wurde dort vom Orchester der Garde Républicaine gespielt, das – große Neuheit dieser Zeit – den Titel 1907 für eine Plattenfirma aus Buenos Aires aufnahm.

Diese Musik, für die damals in den eingeweihten Kreisen und unter Musikverlegern nach und nach die Bezeichnung Tango aufkam, war jedoch keine neue Erfindung, sie hatte schon eine lange Geschichte. Sie war das Ergebnis komplexer Vermischungen, die sich in Südamerika seit der Kolonisierung ergeben hatten; in ihr verschmolzen verschiedenartige traditionelle Musikrichtungen und Tänze, die sich entlang der Atlantikküste von den Antillen bis zu den Ländern am Río de la Plata verbreitet hatten. Eine wichtige Rolle spielten dabei die schwarzafrikanischen Sklaven mit ihren Trommeln und Riten. Ein neues Phänomen hingegen war die am Ende des 19. Jahrhunderts stattfindende Umstrukturierung des sozialen Gefüges aufgrund des großen Zuwandererstroms aus den verschiedensten, insbesondere aber den europäischen Kulturen. Mit dem Aufkommen von Musikaufnahmen und der Verbreitung von Partituren läutet diese Epoche außerdem das Ende der anonymen traditionellen Musik ein.

Ein Jahrhundert später hat der Tango seine Wurzeln zum Teil hinter sich gelassen, ohne sie jedoch ganz zu verleugnen. Er hat verschiedene Ausprägungen erhalten, er ist zu einer dauerhaften Einrichtung geworden, er hat sich mit der Kunstmusik und dem zeitgenössischen Tanz vereint, er hat eigene Festivals, und Tausende von Anhängern in der ganzen Welt nehmen an *prácticas* und Tanzveranstaltungen teil.

Viel mehr als nur ein Musik- oder Tanzstil, ist er eine Welt für sich geworden, die Literatur, Poesie, Malerei, Philosophie, Musik und Tanz in sich vereint. Als komplexes Gebilde, das in der Lage ist, andere ästhetische Systeme in sich aufzunehmen oder sich wiederum in diese zu integrieren, hat der Tango das Jahrhundert unverkennbar geprägt, zusammen mit anderen Musikrichtungen afro-amerikanischen Ursprungs wie dem Jazz oder der brasilianischen und kubanischen Musik, mit denen er eng verwandt ist.

Die Geschichte des Tangos seit Ende des 19. Jahrhunderts, als er eine feste formale Struktur erhielt, ist ebenso bewegt wie die Geschichte Argentiniens, deren Spiegelbild er ist. Der Tango entstand aus der Verschmelzung verschiedener Kulturen in der Stadt, er ist eine regelrechte musikalische Sprache, und so ist es eins seiner Wesensmerkmale, sich zu verändern und Neues in sich aufzunehmen. Von Anfang an wurden seine Melodienvielfalt, seine rhythmische und harmonische Struktur, seine Poesie, seine Choreographie immer wieder erweitert und erneuert, wurden andere musikalische und tänzerische Einflüsse zugelassen. Wie der *pato*, um den sich die Gauchos der Pampa streiten, ist auch der Tango im Laufe seiner Geschichte immer wieder Gegenstand scharfer Polemiken gewesen, hatte er doch symbolische Bedeutung für verschiedene, einander feindlich gesinnte soziale Gruppen.

Darin liegt ohne Zweifel die Kraft dieser Musik und dieses Tanzes, die über hundert Jahre nach ihrer Entstehung noch immer in der Lage sind, ihre Formen zu erneuern und zu variieren, neue soziale Schichten zu begeistern und dabei doch Tango zu bleiben.

1. Kapitel

DIE URSPRÜNGE DES TANGOS

Entdeckung und Kolonisierung der Region um den Río de la Plata

Die Geschichte der Eroberung des Gebietes am Río de la Plata ist, obwohl wenig bekannt, genauso bewegt und blutig, wie man es aus anderen Regionen Südamerikas kennt. Juan Díaz de Solís, der von der spanischen Krone beauftragt war, eine Passage zwischen dem Atlantik und dem »Meer des Südens«, wie der Pazifik damals genannt wurde, zu finden, dringt 1516 in das Delta des Río de la Plata vor, das er *mar dulce* nennt. Er und seine Begleiter werden dort von den Charrua-Indianern, die zu dieser Zeit den Küstenstreifen besiedelten, umgebracht, vermutlich werden sie Opfer eines kannibalischen Rituals. Zehn Jahre später versucht Sébastien Cabot, sich am Südufer des Río de la Plata niederzulassen, wird aber bald wieder von dort vertrieben. Ein Matrose, der die Solís-Expedition überlebt hatte und bei den Indianern geblieben war, berichtete, daß die Indianer ihm von Gold- und Silbervorkommen stromaufwärts am Paraná erzählt hätten, von einer *sierra de la plata* [Silbergebirge]. Von diesem Zeitpunkt an kursiert die Legende von unglaublich reichen Stätten, deren Spuren die nachfolgenden Expeditionen jedoch vergeblich suchten.

1536 landete der Generalkapitän und Gouverneur Pedro de Mendoza am Südufer des Río de la Plata und gründete Santa María de Buenos Aires. Das Dorf wurde von Querandi-Indianern zerstört, die durch die Brutalität der Spanier aufs äußerste gereizt worden waren. Die wenigen noch gebliebenen Dorfbewohner siedelten 1541 nach Asunción um, das von Martinez de Irala flußaufwärts am Paraguay, einem Nebenfluß des Paraná, gegründet worden war. Erst 1580 baute Juan de Garey, aus Asunción zurückgekehrt, nach einem Schachbrettplan Santa María de Buenos Aires wieder auf.

Durch die Gründung des Vizekönigreichs Río de la Plata 1776 erhielt die Entwicklung von Buenos Aires neue Impulse, und Argentinien in seiner heutigen Form begann sich abzuzeichnen. Angesichts zahlreicher englischer Einfälle (1806-1807), auf die die spanische Krone nur zögerlich reagierte, da sie durch die Napoleonischen Kriege geschwächt war, bildete sich langsam ein eigenes Nationalgefühl heraus. Nach zahlreichen politisch begründeten Verzögerungen gelang es den sogenannten Kreolen (den in Amerika Geborenen), die sich für die Unabhängigkeit von Spanien aussprachen, sich durchzusetzen, und am 9. Juli 1816 wurde in Tucumán die Unabhängigkeit ausgerufen.

Das ganze 19. Jahrhundert ist geprägt vom Kampf zwischen den Föderalisten, die die Autonomie der einzelnen Provinzen bewahren möchten, und den Unitaristen, die die Vormachtstellung von Buenos Aires gestärkt sehen wollen, der wiederum Uruguay sich in der Folge nur schwer entziehen konnte. Uruguay erhielt seine Unabhängigkeit erst 1828. Dieser Bruderkrieg zwischen Föderalisten und Unitaristen deckt sich teilweise mit dem der *caudillos* im Landesinneren. Das liberale Bürgertum ist aufgrund von Agrarexporten wirtschaftlich und kulturell mit dem Ausland verbunden. Gegensätzliche wirtschaftliche, aber auch kulturelle, historische und sogar ethnische Interessen stoßen hier aufeinander. Diese Rivalität erreicht ihren Höhepunkt mit der Machtübernahme eines der unerbittlichsten *caudillos*: Juan Manuel de Rosas, dessen unbarmherzige Diktatur das Land fast zwanzig Jahre lang in eiserner Umklammerung hielt (1835-1852). Der nach wie vor erbitterte Kampf um die Macht fand nach der Verabschiedung der Verfassung durch die Föderalisten 1853 innerhalb legaler Grenzen statt; es war die Zeit, in der die Indianerkriege, die unter de Rosas ihren Anfang genommen hatten, immer heftiger tobten. Der sogenannte »Wüstenfeldzug«, der von Präsident Nicolás Avellaneda und General Julio Roca, seinem Kriegsminister, organisiert wurde, erlangte in der Geschichte Argentiniens traurige Berühmtheit, denn er führte zur Eliminierung eines Großteils der Pampa-Indianer. Die übriggebliebenen Indianer wurden in Reservate abgeschoben, vertrieben oder vom Staat als Arbeitskräfte verkauft. Diese »Befriedung« erreichte in der Folge auch weiter entfernt gelegene Provinzen, vor allem den Nordwesten des Landes mit seiner großen Indianerbevölkerung, eine Region, in der auch heute noch sehr viele Mestizen leben. Der Widerstand der Indianer endete Mitte der achtziger Jahre des 19. Jahrhunderts mit der Auslieferung eines ihrer letzten Anführer. Mit der Wahl Rocas 1880 wurde Buenos Aires Hauptstadt der Föderation, zu einem Zeitpunkt, als das Land innerlich zur Ruhe gekommen war und sich nun einer verstärkten Immigration aus Europa gegenübersah, die sich auf das Gebiet am Río de la Plata konzentrierte – insbesondere auf Buenos Aires und Montevideo, wo später der *tango porteño* entstehen sollte.

Die städtische Entwicklung von Buenos Aires und Montevideo

Während des gesamten 19. Jahrhunderts entwickelte sich das Gebiet am Río de la Plata nur langsam. Zahlreiche Reisende und andere Zeitzeugen beschreiben Buenos Aires als ländliche, ja bäuerliche Stadt. Von der Plaza

Mayo ausgehend, sind alle Straßen rechtwinklig angelegt. Viele von ihnen waren nicht befestigt und an Regentagen nur schwer passierbar, denn das Regenwasser schwemmte die lockere Erde fort und hinterließ tiefe Gräben. In der Regenzeit verhinderte ein Strom aus dem Landesinneren, der sich oberhalb der Stadt teilte und sie im Norden und Süden durchfloß, jede Kommunikation zwischen den einzelnen Stadtvierteln. Guy Bordé berichtet, daß ganze Familien wochenlang warten mußten, bis sie die Straßen wieder überqueren konnten. Verschmutztes Wasser und Krankheitserreger aus dem Fluß Riachuelo führten im Jahre 1871 zu einer Gelbfieberepidemie, die die Bourgeoisie in den Nordteil der Stadt flüchten ließ, wo später vornehme Wohnviertel entstanden (Recoleta, Palermo und andere). Die Abgewanderten überließen San Telmo, Monserrat, Santo Domingo, El Bajo und vor allem La Boca den Immigranten, die sich bald in den großen, verfallenen Villen zusammendrängten, denn man hatte diese in ärmliche *conventillos*, Mietshäuser für Immigranten, umgewandelt. Die Stadt behielt lange Zeit den Charakter eines großen ländlichen Marktfleckens, bis am Ende des 19. Jahrhunderts Torcuato de Alvear, die argentinische Entsprechung zum französischen Architekten Haussmann, gewaltige städtebauliche Veränderungen in Gang setzte.

Doch wirklich veränderte sich Buenos Aires erst gegen Ende des Jahrhunderts, als der Agrarhandel mit Europa in Schwung kam: Getreide und vor allem tiefgefrorenes Fleisch wurden exportiert, ein Handel, der eine sehr wichtige Rolle bei der Entwicklung der Stadt spielen sollte.

Buenos Aires ist heute eine sich in alle Richtungen ausbreitende Stadt, deren Zentrum ca. 200 Quadratkilometer einnimmt und drei Millionen Einwohner beherbergt. Der gesamte Ballungsraum erstreckt sich über 2900 Quadratkilometer und zählt ungefähr zwölf Millionen Einwohner, das entspricht einem Drittel der argentinischen Gesamtbevölkerung. Doch trotz dieser gewaltigen Entwicklung hat die riesige Stadt ihre koloniale Struktur der *barrios*, der Stadtviertel, deren Zentrum die Kirche bildet, bewahrt. Die Stadtviertel sind noch heute der identitätsstiftende soziale Raum. Man stammt aus Flores oder Caballito, aus Chacarita oder Belgrano und erst in zweiter Linie aus Buenos Aires. Viele dieser Viertel, die den Tango mit auf den Weg brachten, stehen noch heute, trotz der fieberhaften Aktivität von Spekulanten, und zahlreiche Cafés aus dem Goldenen Zeitalter des Tangos existieren noch, wie zum Beispiel das Café Tortoni neben der Academia Nacional del Tango in der Avenida de Mayo und der Teesalon Castelar, der rund um die Uhr geöffnet ist. Die Stadt hat sich verändert, doch die Tango-Atmosphäre, wie sie die großen Dichter der vierziger Jahre – zum Beispiel Homero Manzi, Enrique Cadícamo oder Homero Expósito – beschrieben haben, läßt sich noch in der unvergleichlichen Stimmung wiederfinden, die in den Vierteln Monserrat und San Telmo herrscht. Letzteres ist mit seinen *comparsas de murgas* immer noch ein beliebtes Viertel, trotz des alles vereinnahmenden Tourismus.

Die Einwanderung am Río de la Plata

1908 hat Buenos Aires fast zwei Millionen Einwohner, die ganze Region inklusive der Vororte und Montevideos drei Millionen. Die beiden Städte am Río de la Plata sind – nach New York – die größten Einwanderungshäfen Amerikas geworden.

1914 gibt es genauso viele »Fremde« wie *criollos* (Kreolen). Daher können die Argentinier und Uruguayer, anders als die meisten anderen Südamerikaner, von sich sagen, sie stammten nicht von Indianern ab, sondern kämen vom Schiff, *del barco*.

Unter den Fremden stellen die Italiener vor der Jahrhundertwende die größte Gruppe dar. Sie übertreffen zahlenmäßig sogar die Spanier.

In Uruguay ist die Situation ähnlich, mit einer Besonderheit: Es wandern sehr viel mehr Franzosen nach Uruguay ein; im Jahre 1872 kommen in Montevideo auf 100 000 Einwanderer 17 000 Franzosen. Diese Zahl bleibt bis zum Ende des Jahrhunderts konstant und nimmt dann langsam ab.

Am Vorabend des Ersten Weltkriegs konnte eine Straße in einem beliebigen Viertel in Buenos Aires folgendermaßen aussehen: Da finden sich nebeneinander die kleine Werkstatt eines schwarzafrikanischen Schusters, ein galizisches Lebensmittelgeschäft, ein katalanischer Stoffhändler, ein französischer Hotelbesitzer, syrische Hausierer, auf den Baustellen neapolitanische Maurer, auf den Gehwegen Wasserpfeife rauchende Türken, die russische Immigranten zum Gottesdienst in die orthodoxe Kirche eilen sehen. Um diesen phantastischen argentinischen Schmelztiegel zu beschreiben, könnte man sich auch auf Jorge Luis Borges beziehen, dessen Großmutter eines Tages in der Pampa eine Dame zu Pferd traf, die, von Geburt Engländerin, von Indianern verschleppt und großgezogen worden war. Sie vermischte Wörter aus dem Englischen und den indigenen Sprachen *huelche* und *pampa*, um sich auszudrücken, und trotz der Anteilnahme von Borges' Großmutter lehnte sie es ab, die Indianer zu verlassen, bei denen sie, wie sie sagte, sehr glücklich sei. Zwischen den beiden Weltkriegen kamen, neben Italienern und Spaniern, deren Zahl jedoch immer mehr abnahm, viele Einwanderer aus Mittel- und Osteuropa – Deutsche, Polen, Russen, Ukrainer, oft jüdischer Abstammung, die vor dem Faschismus flohen.

Die Ankunft der Einwanderer und die *conventillos*

Die Einwanderer, die die Überfahrt unter oft unmenschlichen Bedingungen auf sich genommen hatten, kamen im Viertel La Boca an, im Hotel de Inmigrantes, einem mächtigen runden Holzgebäude am Ufer des Flusses. Es war eine Art armseliges Flüchtlingslager, wo bis zu 12 000 Immigranten pro Monat Unterkunft fanden; das Gesetz erlaubte ihnen, dort bis zu fünf Tage kostenlos zu wohnen. Angesichts des großen Zuwandererstroms strukturierte sich die Stadt nach Stadtvierteln und Nationalitäten, und die Einwanderer verschmolzen mit dieser riesigen Menschenmasse, wo bereits mehrere Dutzend Sprachen und Dialekte gesprochen wurden.

In den Arbeitervierteln, in denen bald eine neue Musik unter einem alten Namen entstehen sollte, ist die kulturelle Verschmelzung am größten. Die Ankömmlinge, die oft ungnädig empfangen wurden, drängten sich in jenen langgestreckten Häusern zusammen, die *conventillos* genannt wurden. Diese Gebäude mit schmaler Fassade öffnen sich auf einen großzügigen Innenhof, der auf zwei oder drei Seiten von schlecht verputzten Häusern umgeben ist. Diese ein- oder zweistöckigen Gebäude, die aus einzelnen Zimmern bestehen, beherrschen den Innenhof. Manchmal bewohnte eine »Familie … ein einziges Zimmer von vier mal fünf Metern, spärlich beleuchtet, spärlich möbliert und manchmal ohne Fenster«.

Die *conventillos* sind keineswegs ein Randphänomen: Zu Beginn des Jahrhunderts gibt es davon mehr als zweitausend. Sie breiten sich in La Boca und San Telmo aus. Fast ein Sechstel der Bevölkerung lebte dort unter katastrophalen hygienischen Verhältnissen, die wiederholt angeprangert wurden. Von hier aus nahmen verschiedene Epidemien wie Pocken, Diphtherie und Typhus ihren Ausgang und dezimierten die Stadtbevölkerung. An diesen ungastlichen Orten, die erst gegen 1920 verschwanden, mischten sich alle Nationalitäten, Sprachen und Kulturen. Es heißt, der Tango sei unter dem Einfluß von russischen Melodien oder neapolitanischen *canzonettas*, die von italienischen Geigern über *criollo*-Rhythmen gespielt wurden, entstanden. In dieser Umgebung lernten die Einwanderer ihre ersten Brocken Spanisch, durchsetzt von italienischen, russischen oder französischen Ausdrücken, die sich später in den Liedern des Tangos wiederfanden. Es entsteht das *cocoliche*, die italienisch-argentinische Gaunersprache.

Nach ihrem Aufenthalt in den *conventillos*, fast zwangsläufig Durchgangsort für alle diejenigen, die nicht bei Verwandten unterkommen konnten, zerstreuten sich die Einwanderer in die Stadtviertel, die später in den Liedern des Tangos besungen werden sollten. Die einzelnen Stadtviertel entwickelten sich rund um die *plaza* und den *almacén*, den Lebensmittelladen an der Ecke, und schon bald entdeckten die Immigranten neben anderen Musikrichtungen und dank des Phonographen, der um die Jahrhundertwende aufkam, jene lateinamerikanische Musik, die noch nicht Tango hieß, sondern *música criolla*, und deren Texte an das Landleben erinnerten, das noch so nahe schien.

Die Schwarzen am Río de la Plata

Die Schwarzen waren Gegenstand zahlreicher Polemiken. Viele Argentinier wollten die Existenz und die Rolle der Schwarzen in der Kultur des Río de la Plata und bei der Entstehung des *tango porteño* herunterspielen, ja sogar leugnen. Doch bis zum Ende des 19. Jahrhunderts lebten zahlreiche Schwarze in dieser Region. Wie überall in Amerika blühte auch in diesem Gebiet der Sklavenhandel, insbesondere von Uruguay nach Brasilien.

Die Schwarzen bildeteten einen nicht zu vernachlässigenden Teil der einheimischen Bevölkerung. Während des ganzen 19. Jahrhunderts und noch zu Beginn des 20. Jahrhunderts tauchen sie auf zahlreichen Abbildungen auf, seien es Lithographien, Illustrationen oder Fotos. Unter dem Diktator de Rosas war ihre Situation am besten, denn de Rosas stützte sich auf die Arbeiterschicht der Schwarzen und Mulatten im Kampf gegen das ihm feindlich gesinnte unitaristische Bürgertum. 1816 lädt de Rosas die afrikanischen *naciones* ein, auf dem zentralen Platz zu tanzen, um so die Unabhängigkeit zu feiern. Vereint mit den Föderalisten, defilieren die Schwarzen zu ihrer Musik und präsentieren nach jedem Sieg über die Unitaristen stolz ihre Fahnen. Zur gleichen Zeit beteiligten sich 42 *sociedades africanas* an der Sammlung von Geld für militärische Zwecke.

Die Schwarzen, die sich zu Hilfsgenossenschaften zusammengeschlossen hatten, organisierten zahlreiche Feste, zu denen sie sich als Gräfinnen oder Könige verkleideten, »eine groteske Umkehrung der sozialen Ordnung«. Die Feierlichkeiten wurden von einigen zeitgenössischen Berichterstattern als »wilde Riten« bezeichnet. Sie führten »schamlose Tänze« auf, zu denen sie sich auf »primitiven Instrumenten« begleiteten, und gaben so den lokalen Behörden Gründe genug, gegen sie vorzugehen. Die *cofradías* (Vereine) waren der gesellschaftliche Rahmen, in dem Riten vollzogen und Gottesdienste abgehalten wurden. Sie reichen bis in das Jahr 1776, die Zeit des Vizekönigreichs, zurück. In der Nähe der Calle Chile und der Calle Mexico hatte sich die Sociedad Cabunda niedergelassen, zusammen mit anderen *sociedades de ayuda mutua* wie der Sociedad Morenos de la Nación Conga oder der Sociedad Benguala, die am Ende des Jahrhunderts aufgelöst wurde.

Wie auch anderswo in Amerika (so in New Orleans, Kuba, Brasilien, den Antillen, Venezuela, Mexiko, Peru und Kolumbien) griffen die Schwarzen die Volksmusik auf, denn die Weißen überließen ihnen diesen sozialen Raum, dem sie selbst keinen Wert beimaßen, und ermöglichten ihnen auf diese Weise, zu einem gewissen Ansehen zu gelangen. Sie galten nun als »talentiert« und übten sich sehr zahlreich in ihrer neuen Tätigkeit. So sind auch Anzeigen wie die folgende, die 1801 in Buenos Aires erschien, zu erklären: »28jähriger Schwarzer zu verkaufen; kann Bart schneiden und Querflöte, Oboe und Gitarre spielen.« Zahlreiche Schwarze am Río de la Plata betätigten sich als Musiker. Zu den berühmtesten gehören der *payador* Gabino Ezeiza und der »Negrito de San Telmo«, dessen Grab auf dem Friedhof von Flores, so wie auch das von Gardel, bis heute von der Bevölkerung mit Blumen geschmückt wird. Andere Schwarze waren Organisten in der Kirche von Monserrat, so zum Beispiel »El Negro« Thompson oder auch Denis Grigera, Horacio Carranza und andere. José Antonio Wilde stellt fest, daß »fast alle meisterhaften Pianisten Schwarze oder Mulatten waren«.

Das Verschwinden der Schwarzen aus der argentinischen Gesellschaft

Reid Andrews zufolge hat der weiße Teil der Gesellschaft von Buenos Aires das Problem der Schwarzen zunächst durch manipulierte Statistiken herunterspielen können. Man erfand im 19. Jahrhundert zahlreiche begriffliche Kategorien für Schwarze und Mulatten: *mestizo*, *negro*, *mulato*, *pardo*, *moreno*, *morocho*, *zambo* oder auch *aindiado*, *bruno*, *entre blanco*, *algo blanco*, *negro fulo*. Der Ausdruck *trigueño* erscheint bis ins Jahr 1850 in den Einwohnerverzeichnissen; er ermöglichte es den Betroffenen bis zu einem gewissen Grad, ihre schwarze Abkunft zu verschleiern, was besonders für diejenigen von Vorteil war, die eine gewisse soziale Stellung oder ein gewisses Vermögen erlangt hatten. Doch auch viele Weiße mit dunklem Teint fielen in diese Kategorie. Jegliche Rassenmischung wurde von der einheimischen Gesellschaft geleugnet. Dennoch hatten nicht wenige Bewohner des Río-de-la-Plata-Gebietes schwarze Wurzeln, bis hin zu Rivadavia, der »Doctor Chocolate« genannt wurde. Noch vor dem tatsächlichen Verschwinden der Schwarzen hatten die Statistiken sie schon zum Teil eliminiert – so wurden beispielsweise die hellhäutigen *pardos* und *morenos* zu *blancos*.

Schon oft wurde nach Erklärungen für das Verschwinden der Schwarzen in Argentinien gesucht. Im allgemeinen werden fünf Gründe dafür genannt: Rückgang des Sklavenhandels, eine besonders hohe Kindersterblichkeit, schlechte soziale Bedingungen, Rassenmischung (schwarze Frauen strebten die Verbindung mit weißen Männern an, um sich und ihren hellhäutigeren Kindern den sozialen Aufstieg zu erleichtern) und schließlich die Bürgerkriege des 19. Jahrhunderts: Einige Bataillone der *regimientos pardos y morenos*, die 1806-1807 gegen die Engländer und später gegen die Spanier kämpften, setzten sich aus vom Staat gekauften Sklaven zusammen, denen als Gegenleistung die Freiheit versprochen wurde. Doch nur sehr wenige Schwarze sind tatsächlich aus diesen mörderischen Kriegen zurückgekehrt.

Die Zahl der Schwarzen begann bereits nach dem Fall des Diktators de Rosas abzunehmen. Lange Zeit wurden die Schwarzen, de Rosas und die Föderalisten miteinander in Verbindung gebracht. Der Rassismus der Unitaristen vermischte sich mit dem Haß, den sie den Föderalisten entgegenbrachten.

In Argentinien leben heute fast keine Schwarzen mehr. In Uruguay beträgt ihr Anteil an der Gesamtbevölkerung 3%, in Montevideo sind es 6%.

Die schwarzen Wurzeln

Der Begriff Tango ist in dem am Atlantik gelegenen Teil Amerikas, vom Golf von Mexiko bis zum Río de la Plata, schon sehr lange gebräuchlich. Sábato zitiert Carlos Vega, der anmerkt, daß »schon im 18. Jahrhundert in Mexiko ein Einzel- oder Paartanz existierte, der Tango genannt wurde« und daß in einer der Inquisition erstatteten Anzeige aus dem Jahr 1803 von einem mexikanischen *son* mit dem Titel »El torito« die Rede war, der vom sehr alten *tango* abstammen sollte. Nestor Oderigo, der die afrikanische Kultur am Río de la Plata erforscht hat, betont, daß in der Region Veracruz im 18. Jahrhundert, damals Zentrum des Sklavenhandels, sogenannte *tangos de los africanos* bekannt waren. Derselbe Autor bestätigt auch, daß in New Orleans ein *cinturón del tango* existierte. In offiziellen Schriften erscheint der Tango seit dem 18. Jahrhundert, was vermuten läßt, daß er schon lange vorher existierte; es handelte sich dabei um eine allgemeine Bezeichnung für Volksfeste. 1788 empfanden es die Machthaber als Skandal, daß »man seit einiger Zeit den Schwarzen, sowohl den freien als auch den Sklaven, die in dieser Stadt leben, erlaubt hatte, sich zu ihren *tambos* und Tänzen außerhalb der Stadt zu versammeln und so den göttlichen und menschlichen Gesetzen zuwiderzuhandeln«. Anstelle von *tangos* wird hier der Begriff *tambos* benutzt, beide wurden von den Behörden wie von der Gesellschaft unterschiedslos gebraucht. In Montevideo schritt 1806 die Stadtverwaltung gegen die »tambos bailes de negros«, »tangos de negros«, »los negros con el tango« ein, und 1816 war zu lesen: »se prohiban dentro la ciudad los bayles conocidos por el nombre de tangos« [innerhalb der Stadt sind die Tänze, die unter dem Namen *tango* bekannt sind, verboten]. Eine ähnliche Bedeutung wie *tango* hatte das Wort *candombe*: »Jede *nación* hatte ihren Ort, an dem sie den Tango spielte. Die Kongo aus Mozambique, die *bengualas* ... widmeten sich ganz und gar der *candombe*, die auch heute noch beim Karneval in Uruguay aufgeführt wird.« Als schriftliche Quellen liegen hauptsächlich Reiseberichte, Zeitungen, amtliche Aufzeichnungen verschiedener Behörden und Wörterbücher vor. Auch die mündliche Überlieferung verweist auf die afro-amerikanische Kultur. Der Tangoforscher José Cobello zitiert eine aus Kuba stammende Definition aus dem Jahre 1836: »Versammlung von *negros bozales* (Schwarzen, die erst kürzlich aus Afrika gekommen waren), die zum Klang ihrer Trommeln tanzten.« Alejo Carpentier erwähnt den namhaften kubanischen Musikwissenschaftler Fernando Ortiz, der den Tango mit verschiedenen Tänzen und Festen in Verbindung bringt, ohne jedoch deren Inhalt genauer zu präzisieren. Carpentier zufolge nannte man Mitte des 19. Jahrhunderts alle diejenigen Straßentänze der Sklaven *tango*, die zu Rhythmen, die man später Tango- oder Habanera-Rhythmen nannte, getanzt wurden; die beiden Begriffe wurden damals synonym verwendet. Ortiz Oderigo bestätigt, daß es auf Kuba im 18. und 19. Jahrhundert *tangos congos* gab, die in spanischen *zarzuelas* große Begeisterung hervorriefen, so zum Beispiel »Cecilia Valdés« von Gonzalo Roig. In einem spanischen Wörterbuch aus dem Jahre 1871 wurde *tango* folgendermaßen definiert: »Reunión y baile de gitanos; baile de *negros bozales*; baile de la gente del pueblo« [Versammlung und Tanz der Zigeuner; Tanz der *negros bozales*; Tanz der einfachen Leute].

In den zwanziger Jahren des 19. Jahrhunderts wurde in Montevideo die *candombe* der Schwarzen am Dreikönigstag so beschrieben: »Los Congos … hacian su rueda … El tango se prolongaba hasta la puesta del sol« [Die Kongo … tanzten im Kreis … Der Tango dauerte bis zum Sonnenuntergang].

Fernando Assuncao zufolge wurde vor der Unabhängigkeit über die öffentlichen Tänze der Schwarzen gesagt: »Man nannte sie *calenda* oder *tango* und ab diesem Zeitpunkt auch *candombe*, daher ist der Begriff Tango, der sich auf den Tanz der Schwarzen bezieht, ein Synonym von *candombe* in seiner ursprünglichen Bedeutung.«

Der Begriff *tango* hat noch andere Bedeutungen, die alle von der Sklaverei, den Schwarzen und Afrika geprägt sind. Blas Matamoro zufolge existiert der Begriff *tango* in den verschiedenen Sprachen der Kongo. Er bedeutet »geschlossener Ort«, das heißt ein Ort, den man nur als Eingeweihter betreten durfte, an dem religiöse Riten vollzogen und die Trommeln geschlagen wurden.

Später wurde der Begriff dann angeblich auf die Trommeln selbst ausgeweitet, dann auf die Musik dieser Trommeln, der sich andere afrikanische Klangerzeuger wie Schrapen und Reibidiophone anschließen konnten.

Heutzutage findet sich der Begriff in wenigstens zwei Sprachen der Bantu-Gruppe: *n'tangou* bedeutet »Zeit« in Lari und »Sonne« in Lingala.

Die Sklavenhändler nannten den Ort *tango*, an dem sie die Sklaven vor dem Einschiffen zusammenpferchten. In Amerika bezeichnete *tango* später den Ort, an dem sie verkauft wurden, und schließlich stand *tangos* für die Hilfsgenossenschaften, Bruderschaften und *naciones* der befreiten und freigeborenen Schwarzen sowie für die geheimen Orte, an denen die Trommeln aufbewahrt wurden. Rodriguez Molas hat Dokumente aus dem Jahr 1818 gefunden, die den Verkauf einer *casa y sitio de tango* betreffen, die auf dem Grundstück der Kirchengemeinde Concepción in Buenos Aires lag und den Schwarzen gehörte. Und schließlich nannte man *bailes de tangos* die Tänze und Trommelspiele der Schwarzen, die die *comparsas* des einheimischen Karnevals am Ende des 19. Jahrhunderts übernahmen. Im allgemeinen wird *tambor* mit *tambo* in Verbindung gebracht und *tambo* mit *tango*; die Spanier, die Schwierigkeiten hatten, das Wort *tango* auszusprechen, haben das Wort angeblich in *tambo* umgeformt.

Andere Autoren wie Arthur Ramos glauben, daß *tango* oder *tambo* eine Verfälschung des Wortes *tambour* sei. Ortiz Oderigo behauptet, daß der Begriff direkt vom Namen des Gottes Shango abgeleitet wurde – der Gott des Donners und des Unwetters der Yoruba-Kultur in Niger, die in hohem Maße vom Sklavenhandel betroffen war –; diese Verwandtschaft setzte er auch zum afro-brasilianischen Xango-Kult im Staat Pernambuco in Brasilien in Bezug.

Gewagtere Erklärungsversuche führen zu einem lautmalerischen Ursprung des Wortes: *tan-go* entspräche demnach den verschiedenen Trommelschlägen (*tan*: Schlag auf Holz, *go*: Schlag auf gespannte Haut), andere erklären den Begriff aus der klanglichen Ähnlichkeit mit dem Quechua-Wort *tambo*, das ein Steingebäude in den Anden bezeichnet, das als Relaisstation für die Chasquis-Kuriere der Inkas diente, oder mit dem spanischen Wort *tiento* (Berührung) und so letztlich auch mit dem lateinischen Verb *tangere* (berühren).

Ich selbst bin 1994 auf eine weitere Bedeutung des Wortes *tango* gestoßen, als ich in der von Schwarzen bewohnten Region Barlovento in Venezuela Aufnahmen von einem dortigen Trommelmeister machte. Er beschrieb den *tango* als eine traditionelle Pantomime mit verkleideten Darstellern und verschiedenen Instrumenten, darunter auch einem *cuatro* [viersaitige Gitarre].

Aus diesen Definitionen und der Geschichtsforschung geht hervor, daß vor dem Ende des 19. Jahrhunderts der Begriff *tango* keinen klar definierten Musik- oder Tanzstil bezeichnete, sondern die verschiedensten mehr oder weniger ritualisierten Musikarten und Tänze der schwarzen Bevölkerung.

Was die Musik anbelangt, so handelt es sich um Trommelmusik, die von Schwarzen gespielt und von A-cappella-Gesang begleitet wurde und an der auch oftmals Idiophone wie *charrasca*, *quijada*, *marímbula*, *marimba* und *masacalla* beteiligt waren und die angeblich eng verwandt mit der *candombe* sein soll, die auch heute noch in den Straßen Montevideos anläßlich des Karnevals aufgeführt wird.

Im Bereich Tanz zeigen Lithographien und schriftliche Zeugnisse Gemeinschafts- oder Gruppentänze, bei denen sich Männer und Frauen in zwei Reihen gegenüberstehen, sich zum Klang der Trommeln einander nähern, um den Bauchnabel ihres Gegenübers zu berühren (*baile ombligada* oder Nabeltanz) und dann wieder zurückzuweichen. Diese Tänze hatte auch der französische Reisende Alcide d'Orbigny 1827 in Montevideo beobachtet.

Je näher das 20. Jahrhundert rückt, desto häufiger taucht der Begriff *tango* auf, und es zeichnen sich präzise tänzerische und musikalische Konturen ab.

Habanera und *tango americano*

In den Dokumenten findet man während des ganzen 19. Jahrhunderts Spuren der Habanera in Amerika, wo sie Jorge Novati zufolge als Tanz zwischen Polka, Walzer, Mazurka, Quadrille und Schottisch einen gleichrangigen Platz eingenommen haben soll. Die Habanera kommt nach Europa, verbreitet sich in den Salons, wird in die *zarzuelas* integriert und kehrt anschließend nach Amerika zurück, wo sie, von neuen Tänzen absorbiert, verschwindet. Im Gegenzug kommt eine viel volkstümlichere Habanera an den Río de la Plata. Diese Habanera, die von Randgruppen und niederen Schichten getanzt wurde, war in den Salons verboten. 1868 wurden in Montevideo diejenigen, die sie tanzten, mit hohen Geldstrafen belegt. Der Tango und die *milonga* nahmen ihren Ursprung in dieser Habanera, die schon damals *quebrada* genannt wurde.

Was die Musik betrifft, entstand in Spanien Mitte des 19. Jahrhunderts ein *tango americano*. Begeistert von diesem Tanz, der Europa eroberte, begannen spanische und amerikanische Komponisten Musikstücke zu schreiben, die den Rhythmus der Habanera aufnahmen, ohne daß der Tanz dabei eine Rolle gespielt hätte. Die Choreographie, wenn es eine gab, übernahm nur Figuren von damals modernen Paartänzen, bei denen die Partner sich umfaßt hielten. In dieser rein musikalischen Form fand der *tango americano* beziehungsweise die Habanera Eingang in die Theateraufführungen der *zarzuelas*.

Diese ältesten *tangos* sind Parodien der Tänze der Schwarzen. Seit dem Sturz de Rosas' hatten die Schwarzen politisch und sozial schlechte Karten. In Musik und Tanz und auf den traditionellen Festen drückten sie symbolisch die Niederlage aus, die mit der Massenankunft der Immigranten noch gravierender wurde. Denn damit gerieten die Schwarzen in vielen Berufen in Konkurrenz zu den Weißen. Davon sangen auch die Schwarzen der Sociedad 6 de Enero im Jahre 1876:

Napolitanos usurpadores
Que todo oficio quitan al pobre
Si es que botines sabes hacer
¿Porqué esa industria no la ejerces?
Ya no hay Negros botelleros.

Ni tampoco changador
Ni Negro que vende fruta
Mucho menos pescador
Porque esos Napolitanos
Hasta pasteleros son
Y ya nos quieren quitar
El oficio de blanqueador.

Ya no hay sirviente
De mi color
Porque bachichas
Toditos son
Dentro de poco
¡Jésus, por Dios!

Bailarán semba
Con el tambor.

Räuberische Neapolitaner,
Die den Armen die Arbeit wegnehmen.
Wenn du Schuhe herstellen kannst
Warum machst du diese Arbeit nicht?
Es gibt keine schwarzen Getränkelieferanten mehr
Keine Gepäckträger
Keine schwarzen Obstverkäufer
Und noch weniger Fischer
Wegen dieser Neapolitaner.
Sogar Konditoren sind sie
Und sie wollen uns auch
Die Arbeit des Wäschers wegnehmen.

Es gibt keine Dienstbotin
Meiner Hautfarbe mehr
Weil die Italiener
Alles machen.
Schon bald
Jesus, mein Gott!
Werden sie die *semba* tanzen
Zur Trommel.

Man könnte es nicht besser ausdrücken. Die Italiener, die hier stellvertretend für alle Einwanderer stehen, übernahmen nicht nur die Berufe der Schwarzen, sondern besetzten auch deren traditionelle Feste, da sie in ihren sozialen Raum eingedrungen waren. Die Einwanderer spielten die Trommel in den *murgas* und *comparsas*, aber sie tanzten auch nach Art der Schwarzen, deren junge Generation die Gemeinschaftstänze aufgegeben hatte, um sich die Gesellschaftstänze anzueignen. Um die Jahrhundertwende sind sowohl in Montevideo als auch in Buenos Aires alle Gesellschaftstänze wie Mazurka, Schottisch, Walzer, die außerhalb aristokratischer Kreise getanzt werden, *milongueadas*, das heißt, sie haben beträchtliche Veränderungen durch den Einfluß der Schwarzen erfahren, einen Einfluß, den dann wiederum die Weißen in ihren Tänzen übernehmen.

Die Musikverleger interessierten sich für diese *tangos americanos*, die die Öffentlichkeit begeisterten. Es erscheinen Notentexte von *tangos americanos* und Habaneras, die man zu dieser Zeit unmöglich voneinander unterscheiden kann. Horacio Salas zufolge verwischt sich am Ende des 19. Jahrhunderts allmählich der terminologische Unterschied zwischen *tango andaluz* und *tango criollo*. Aus Spanien kommen Habaneras und Lieder, die sich in den *tango porteño* integrieren. Dessen Vertreter, wie zum Beispiel die katalanische Sängerin Raquel Meller, greifen einerseits die beliebten Lieder der spanischen Operette auf, andererseits schöpfen sie aus dem traditionellen musikalischen Bestand am Río de la Plata, insbesondere was den Rhythmus betrifft, der stark von den Schwarzen geprägt war, aber zu dieser Zeit schon »weiße« Einflüsse erfahren hatte.

Die Erfindung des *tango andaluz*

Manche Autoren, wie zum Beispiel Carlos Vega, wollten den Ursprung des Tangos in Spanien sehen (*tango andaluz*). Der Tango habe sich demnach als traditioneller Musikstil nach und nach in die *zarzuelas* eingegliedert und sei über diesen Umweg dann nach Amerika gelangt, nach Kuba und an den Río de la Plata.

Tatsächlich findet sich im 1850 erschienenen Wörterbuch des spanischen Völkerkundlers Pedrell keine Spur eines *tango andaluz*, ebensowenig in den fünf Bänden der *Cantos populares españoles*, die 1883 von verschiedenen renommierten Gelehrten herausgegeben wurden. In dieser gewaltigen Menge spanischer Volksmusik, die jedoch erst dreißig Jahre nach Auftauchen der Habanera in der alten Welt verlegt wurde, findet sich kein einziger Hinweis auf einen *tango andaluz*. Jorge Novati geht noch weiter, wenn er sagt, daß die spanischen *zarzuela*-Komponisten in ihre Partituren zahlreiche *tangos* einfügten, die in Wahrheit aber von ihnen komponierte Lieder waren. Und zudem steht auf den Partituren nur »tiempo de tango« oder »tiempo de habanera«. Vega schließt etwas vorschnell, daß es sich hier um *tango andaluz* handele und daß diese Komponisten sich durch die spanische Volksmusik inspirieren ließen. In Wahrheit sind diese *tangos* nur einfache Habaneras, die von den Komponisten selbst *tango* oder manchmal auch *tango habaneril* genannt worden waren, da sie sich in ihren Texten thematisch von den Cafés und den Schwarzen (*negas* und *neguitos*) hatten inspirieren lassen, was nicht der spanischen, sondern der kubanischen Realität entsprach. In der zweiten Hälfte des 19. Jahrhunderts belegten die volkstümlichen spanischen Komponisten diesen Habanera-Rhythmus mit Beschlag, fügten den klassischen spanischen 6- oder 8-silbigen Vers hinzu und nannten das ganze *tango americano*. Dazu wurden sie selbst von den Musikverlegern gedrängt, die darin ein einfaches Mittel sahen, von dieser Modeerscheinung zu profitieren und ihren Umsatz zu steigern.

Viele Musikstücke wurden auf diese Weise durch die Bezeichnung *tango* herausgeputzt. So ist auch »El relámpago«, ein 1862 erschienenes *zarzuela*-Stück für Klavier, im 6/8-Takt geschrieben. Im Gegensatz dazu bauen die Partituren, in denen der Begriff *tango americano* erscheint, allerdings auf dem klassischen Habanera-Rhythmus der linken Klavierhand auf.

Es muß noch erwähnt werden, daß in Spanien auch ein *tango flamenco* existiert, der aber mit dem *tango americano* oder der Habanera genauso wenig gemein hat wie die *rumba gitana* mit der afro-kubanischen Rumba. Wie die anderen Ausprägungen des Flamencos verweist auch dieser *tango flamenco* durch seine Tonleitern und seinen

Rhythmus auf die »langen Gesänge« Nordindiens, der Gegend, aus der im 10. Jahrhundert die spätere »Zigeunerbevölkerung« auswanderte.

Vergnügungsstätten und Bordelle

Neben den kalendarischen öffentlichen Festen, an denen Tausende teilnahmen, gab es die großen Theater wie das Victoria oder das Apolo, in denen spanische *zarzuela*-Gruppen (*genero chico*) auftraten. Es gab rund fünfzig Theater in Buenos Aires, in denen 1910 mehr als 1500 Vorstellungen in drei Sprachen gegeben wurden (992 auf spanisch, 414 auf italienisch und 119 auf französisch), insgesamt waren es drei Millionen verkaufte Eintrittskarten, die zahlreichen Wanderzirkusse nicht mitgerechnet.

Neben diesen öffentlichen Veranstaltungsorten existierte auch eine große Zahl mehr oder weniger privater Vergnügungsstätten, wo ebenfalls Musik und Tanz – meist kaum voneinander zu trennen – aufgeführt wurden. Rossi zufolge entstanden diese Einrichtungen in Montevideo ab etwa 1860 unter dem Namen *academia de baile* oder *salón de baile*, ihre Hochzeit erlebten sie in den 1880er Jahren. Als die *milonga* immer beliebter wurde, wurde auch sie an diesen Veranstaltungsorten praktiziert, neben Tänzen wie Mazurka, Schottisch und Walzer. Der *tango porteño* jedoch nahm in den Außenbezirken der Stadt Gestalt an, im Grenzgebiet zwischen Stadt und Land, dem Gebiet der Lagerhäuser und Buden, Brotöfen und Schlachthöfe, alles Orte, die sich größtenteils im Freien befanden. Zu diesen Außenbezirken gehörten zum Beispiel die Gegend im Osten der heutigen Plaza Miserere; der Platz, der Corrales Viejos genannt wurde (heute Parque Patricios) und den die Bauern, die aus dem Süden über den Riachuelo kamen, passieren mußten; der Parque de la Recoleta, ein unbebautes Gelände, das später zum Friedhof der Reichen wurde, und andere mehr.

Von der *esquina de barrio*, der Straßenecke, wo die Männer tanzten – aus Mangel an Frauen oftmals miteinander, was später zu einem Verbot durch die Stadtverwaltung führte –, über die *romanías españolas*, die *carpas*, *salones*, *trinquetes*, *bailetines*, *bailongas*, *piringundines* bis zu den *patios de conventillos*, *academias*, *casas de familias*, *cafés* und später den *cabarets* existierte um die Jahrhundertwende am Río de la Plata eine bunte Mischung öffentlicher und privater Einrichtungen, in denen sich Musik, Tanz und sinnliche Freuden miteinander verbanden. Jede dieser Einrichtungen entsprach einer gesellschaftlich weit verbreiteten Erwartungshaltung, derzufolge man seine persönlichen Wünsche ungeachtet seiner gesellschaftlichen Stellung ausleben können mußte, Wünsche in einem Bereich, auf den die oft euphemistischen Namen der Lokale nicht unbedingt schließen ließen. Viele Etablissements oder *cafés* vermieteten Zimmer. Manche wurden berühmt, so das Velódromo (im Viertel Belgrano), das Pabellón de los Lagos, La Glorieta oder das Hansen (im Viertel Palermo), wo die bekanntesten Orchester auftraten. Man erinnert sich noch heute an einige berühmte Häuser, Tanzlokale oder von den Söhnen reicher Familien frequentierte vornehme *casas de baile*, wie das Laura la Morocha und vor allem das María la Vasca, wo die Tänzerinnen pro Stunde bezahlt wurden und wo auch Mendizábal arbeitete, der 1897 »El entrerriano« komponierte.

Die *salones* oder *clubes* in den ärmeren Vierteln wurden von einem einfachen Publikum (*medio pelo*) besucht, und zwar vor allem am Wochenende.

Am unteren Ende der sozialen Leiter spielten die neben den Militärkasernen gelegenen *cuartos de chinas* und vor allem die von Halbstarken (*compadritos*) und Gaunern (*malevos*) besuchten Bordelle eine wichtige Rolle bei der Entwicklung des *tango porteño*.

Fern vom Stadtzentrum – am Fluß, auf der Isla Maciel, in La Boca, am Süddock, in den Niederungen der Stadt – gab es Etablissements für ausländische Matrosen, Spelunken und Opiumhöhlen, die eine Welt für sich darstellten, bevölkert von Zuhältern und Messerstechern, von *guapos*, *compadrones* und *compadritos*, deren Tangolieder oft die eigenen Heldentaten wiedergaben.

Die sozialen Typen des Tangos

Die typischen Figuren des Tangomilieus kamen aus den Vororten, aus den Gebieten, die zwar nicht mehr ländlich waren, aber auch noch nicht richtig zur Stadt gehörten. Als erster wäre der *compadre* zu nennen, Fuhrmann oder Viehtreiber, Schlachter, Lumpensammler (*ciruja* im Argot) oder Tagelöhner. Dieser Gaucho, der keiner mehr war, sich darüber aber noch nicht im klaren war, bezog seinen Stolz aus der Verweigerung einer regelmäßigen Arbeit, die für ihn Ausdruck von Erniedrigung und Unterdrückung war. Er setzte in der Stadt die Gewalt fort, die die sozialen Beziehungen auf dem Land regierte, wo Konflikte mit dem Messer geregelt wurden, und wußte, so Borges, »wie der Tiger Anmut mit Grausamkeit« zu verbinden. Durch die Einfriedung des Landes aus seinem gewohnten Leben gerissen und in der Stadt gestrandet, stellte der Gaucho, trotz seines »gedemütigten *criollismo*« (Borges, *Evaristo Carriego*) durch seine Ausstattung – die *bombacha* (Hose), das durch den Gürtel geschobene *facón* (Messer) und das ausgesuchte Geschirr seines Pferdes – auch weiterhin die Unabhängigkeit und den Stolz des freien Mannes zur Schau.

Der ganz in Schwarz gekleidete *guapo*, den manche mit dem *compadre* gleichsetzen, war die geheimnisvollste Persönlichkeit. Er betrachtete sich als Ehrenmann. Mehreren Autoren zufolge war diese Gestalt ein Anachronismus aus der Zeit der spanischen Edelmänner, die Stolz und Mut als die entscheidenden Charaktereigenschaften ansahen. Der *guapo* war immer gut gekleidet, für den Fall, daß der Tod ihn an einer Straßenecke überraschen sollte. Er war überzeugter Junggeselle und stellte sein Messer in den Dienst des Bandenchefs des Viertels, für den er, falls notwendig, sein Leben geben konnte. Neben dem *guapo* steht, sozusagen als sein spiegelverkehrtes Abbild, der *compadrito.* Er stammt aus der Vorstadt und ahmt das Verhalten des *compadre* nach. Als Cousin des *majo*, des Madrider Gauners, sucht er häufig Streit, trinkt *caña* in großen Mengen und verführt die Frauen durch seinen Gesang und sein Gitarrenspiel. Er ist ein Angeber, ein Aufschneider, er provoziert gerne, kann aber auch lustig und ein Schmeichler sein. Auf einen falschen Blick oder eine falsche Geste zückt der *compadrito* sofort das Messer, denn er ist leicht in seiner Ehre verletzt. Nur wenige Abende enden ohne Schlägerei, die nicht selten ins Krankenhaus oder auf den Friedhof führt. Seine Gewaltbereitschaft mag aus seinem Kontakt mit dem Gaucho der Vorstadt herrühren, der das Land verloren hat, ohne in der Stadt heimisch zu werden, und dessen Zwiespalt er deutlich spürt. Gobello zufolge ist der *compadrito* der »gaucho que hubiera desensillado« (der Gaucho, der sein Pferd abgesattelt hat). Seit 1810 ist der Gaucho ständig im Krieg: im Unabhängigkeitskrieg, im Bruderkrieg zwischen Unitaristen und Föderalisten, im Krieg mit Paraguay. Als die Kriege beendet waren, waren die Söhne der Gauchos keine Gauchos mehr, sondern *compadritos.*

Der *compadrón* ist die Karikatur des *compadrito*, ein Feigling, der sich für mutig hält, ein Gauner oder Spitzel, der aus Feigheit angreift. Viele Tangotexte greifen auf diese Figuren zurück und speisen die volkstümliche Literatur und Dichtung, so zum Beispiel die von Evaristo Carriego, den Borges aus der Vergessenheit holte. Sie sind auch in »El compadrito« von Alfredo Gobbi mit einem Text von Angel Villoldo (1903) zu finden, in »Malevaje« von Enrique Santos Discépolo und in hundert anderen. Die Figuren des Tangos traten vor dem Hintergrund einer sich konstituierenden und wie in Europa stark vom Anarchismus und von individualistischen Strömungen beeinflußten Arbeiterbewegung auf.

2. Kapitel

MUSIK UND TANZ UM 1900

Die musikalische Tradition am Río de la Plata und der *tango porteño*

Wie in allen Ländern Südamerikas sind die Musik und der Tanz auch in Argentinien regional stark abgegrenzt. Jede Region besitzt ihre eigenen Musik- und Tanztraditionen. Daher lassen sich verschiedene musikalische Regionen unterscheiden: Der Nordwesten, die zentrale Andenregion, das Paraná-Becken und die zentrale Pamparegion. Dieser *música folklórica* steht die *música urbana* gegenüber: die städtischen *tangos* und *milongas*.

Im Gebiet des Río de la Plata gab es einen bedeutenden Bestand an traditioneller Musik und traditionellen Tänzen, aus denen sich der Tango speiste. Die verschiedensten Musikrichtungen existierten nebeneinander und waren jedermann zugänglich. Es waren die alten Musikgattungen der Pampa, Lieder und *aires criollos.* Ein Teil davon war als Folge der spanischen Eroberung über Peru und Bolivien, über die Städte Salta, Tucumán, Santiago del Estero und La Rioja nach Argentinien gelangt, als die Pampa nach der Ausrottung der Indianer kolonisiert wurde. Andere Musikrichtungen kamen direkt über den Río de la Plata nach Argentinien, mit den Einwanderern. Diese verschiedenen Arten von Musik wurden von den verschiedensten Leuten gesungen, von den *payadores* am Lagerfeuer ebenso wie von den Leuten in den Lebensmittelläden der Stadtviertel, bevor mit den Phonographen neue Musik kam, die die alte in die Vororte verdrängte.

Ein Teil dieses musikalischen Repertoires geht auf die Schwarzen und die Mestizen zurück. Er ist an der ganzen Atlantikküste vertreten, von Kuba bis zum Río de la Plata. Einflüsse aus dem Gebiet vom Golf von Mexiko und der Atlantikküste gelangten über den damals sehr regen inneramerikanischen Seehandel in das Gebiet am Río de la Plata. Diese mündlich überlieferte Musik existiert mit regionalen Varianten entlang des gesamten Atlantiks. Die einzelnen Varianten entwickelten sich immer weiter auseinander, bis hin zur Entstehung ganz neuer Musik- und Tanzarten.

Zu Beginn des 20. Jahrhunderts erfuhren Musik und Tanz am Río de la Plata einen außergewöhnlichen Aufschwung. Der *tango criollo* (was nichts anderes bedeutet als »Musik und Tanz von hier«) konnte aus dem Bestand der traditionellen Musik schöpfen, zu dem Millionen Individuen aus zahlreichen Kulturen, Schwarze wie Weiße, beigetragen haben. Der *tango porteño* fand dort alles, was für seine Entwicklung zur eigenständigen Musikrichtung notwendig war. Als diese Musik sich zu individualisieren begann, insbesondere durch die Verbreitung von Notentexten und die Festlegung von Urheberrechten, nutzten zahlreiche Komponisten dieses Repertoire, sowohl was Melodien als auch was Rhythmen betraf.

Die traditionellen Tänze am Río de la Plata

In den 1880er Jahren existierten drei Gruppen von Tänzen am Río de la Plata.

Erstens, die sogenannten *criollas*: Im Anschluß an eine überraschende, fast entwicklungsgeschichtliche Klassifizierung der verschiedenen Gauchotypen – *gaucho federal*, *gaucho unitarista*, *gaucho actual* – zählte R. Lynch Ventura die verschiedenen Musikrichtungen und Tänze der Umgebung von Buenos Aires auf, die vom *gaucho actual* praktiziert wurden: *gato*, *firmeza*, *décima*, *estilo*, *triunfo*, *cielito*, *aires*, *marote*, *palito*, *pericón* (oder *baile de cuatro*), *prado*, *samba-cueca*, *gato correntino*, *caramba*, *chacarera*, *media caña*, *pollito*, *maraquita*, *triste*, *malambo*. Sanchez Zinni fügte noch *cuando*, *resfalosa*, *huella*, *minué federal* und *minué montonero* hinzu. Manche dieser Musik- und Tanzarten waren schon sehr alt und gehörten zu dem alten kolonialen Bestand, der aus der barocken spanischen Musik hervorgegangen war, wie etwa *gato*, *gato correntino*, *samba-cueca*, *firmeza*, *chacarera*, *malambo* einschließlich des *zapateo* im Bereich Tanz; sie basieren auf einem Sesquialtera-Rhythmus im 3/4- beziehungsweise 6/8-Takt. Andere Musikrichtungen wurden nicht getanzt, sondern nur gesungen; sie waren erst später hinzugekommen, wie *décima* und *cifras*, und wurden besonders von den *payadores* (Erzählern) bevorzugt. All diese Tänze wurden in der ländlichen Umgebung von Buenos Aires praktiziert.

Zweitens, die Gesellschaftstänze: Die *contradanza* und das *minué*, beide in der Kolonialzeit entstanden, wurden nach und nach durch Quadrille, *lancero*, Schottisch und Habanera ersetzt, die in den europäischen Salons sehr beliebt waren.

Drittens, die volkstümlichen Tänze des sich entwickelnden städtischen Raumes, die wegen des allzu engen Körperkontaktes in den Salons verboten waren: Polka, Mazurka, Walzer; Tänze, bei denen die Partner dicht beieinander tanzten oder sich umarmt hielten; vor allem aber *milonga* und Habanera, die nun viel beliebter waren als die Salontänze.

Karneval und öffentliche Feste: die »Aufhellung« der einheimischen Bevölkerung

1766, 1770 und 1790 verbot der Vizekönig »los bayles de los negros«. Im Gegenzug erlaubten die Behörden 1795 »los bayles a los negros del Congo« an Sonn- und Feiertagen. 1799 wird »los negros de cambundá« ein ähnliches Recht zuerkannt. Im allgemeinen tolerierten die Behörden diese Veranstaltungen, trotz einer gewissen Furcht, die sie bei ihnen hervorriefen, da sich mehrere tausend Teilnehmer versammeln konnten. Es wurden *candombes* getanzt, aber auch andere Tänze, wie *bamboulas*, *chicas*, *lariate*, *zembas* oder *sembas*, *tango*, *calenda*, alles *ombligadas* (Nabeltänze); besonders beliebt waren sie an Feiertagen wie dem Dreikönigstag, dem Johannisfest, an Ostern und Weihnachten. Die Schwarzen verließen für kurze Zeit Monserrat und Concepción und zogen durch die Stadt. Man konnte die verschiedenen *naciones* vorbeiziehen sehen: *minas*, *congoleños*, *bengualas*, *mozambiques*, *madingos* und *mucholos*. Bei diesen feierlichen öffentlichen Veranstaltungen hatte jede *nación* ihre eigenen Tänze und Trommelrhythmen. Es gab *toques de benguala*, *toques de mozambique*, *toques de cambundá*. Zudem wurde am Ende der Umzüge zwischen den *naciones* ein Wettbewerb ausgetragen, die *batalla*, die mehrere Stunden dauern konnte. Diesen lauten Festen, bei denen die Trommeln geschlagen wurden, standen die Weißen und die Behörden skeptisch gegenüber, da sie darin bloß Chaos sahen. Für die Schwarzen stellten sie eine Gelegenheit dar, die Weißen nachzuahmen und ihre Tänze zu parodieren. Um akzeptiert zu werden, mußten die Afro-Argentinier lernen, europäische Instrumente wie Orgel, Klavier, Klarinette, Geige und Gitarre zu spielen.

Die *comparsas*, aus denen diese Karnevalsumzüge bestanden, tauchten 1836 in Buenos Aires auf. De Rosas, der »los bayles de negros y sus tambores« erlaubt hatte, verbot dagegen zehn Jahre lang den Karneval, der eigentlich eine Veranstaltung der Weißen war, zweifellos aus Angst vor regimekritischen Kundgebungen. Nach dem Sturz de Rosas' fand der Karneval ab 1854 wieder statt und erlebte in den 1870er Jahren eine Blütezeit. Die Weißen fingen an, zahlreiche Bräuche der Schwarzen zu übernehmen, eine symbolische Rache der Weißen an den Schwarzen. So bestand die berühmte Sociedad los Negros, die berühmteste *comparsa de blancos tiznados* (mit Ruß geschminkte Weiße), von der es noch ein bekanntes Foto aus dem Jahre 1870 gibt, aus wohlhabenden Weißen, die in bunt zusammengewürfelten Phantasiekostümen die Musik, die Lieder, die Marsch- und Tanzschritte der schwarzen *comparsas* imitierten.

Die Umzüge, bei denen die Teilnehmer Masken trugen, wurden von Schwarzen dominiert. 1870 beschrieb ein Beobachter diese aus Schwarzen und Mulatten bestehenden *comparsas*. Ihre *sociedades* waren sehr gut organisiert. Sie marschierten zu den Klängen ihrer *candombes*, sie bildeten einen Zug und sangen Lieder voll afrikanischer Reminiszenzen, wobei sie unaufhörlich wiederholten: »Calunga! Cangué! Calunga! Cangué!«

Zwischen den einzelnen *comparsas* herrschte große Rivalität, was sogar zu Toten führen konnte. Ab den 1880er Jahren bestanden viele *comparsas* aus Weißen, auch wenn beim Karneval 1899 noch ein Dutzend schwarze Gruppen wie Las Estrellas del Sur, Flor de Cuba, Tenorios de Plata, Habitantes de la Luna und zahlreiche *naciones* wie Los Negros Bengualas und Los Negros Montosos an den Umzügen teilnahmen.

Bei diesen Karnevals in Montevideo und Buenos Aires begannen die Weißen den Karneval zu »schwärzen« (*lubolear*). José Gobello zitiert ein Interview mit einer alten Schwarzen von 1902, die erklärt, wie ab 1870 junge Weiße anfingen, den Tanz der Schwarzen nachzuahmen, die daraufhin aus Scham nicht mehr ausgingen. Die Weißen lernten von den Schwarzen deren *tangos* und baten sie sogar, ihnen das Trommeln beizubringen. Aber die Weißen waren nicht in der Lage – und versuchten es auch gar nicht –, die komplexen Rhythmen der Schwarzen wiederzugeben. Sie erfanden eine eigene Musik, eine Mischform, die weder schwarz noch weiß war. Rossi schreibt dazu:

> 1874 bildeten sich Gruppen mit *blancos negros*, die *negros lubolos* genannt wurden, sie bestanden aus jungen weißen Händlern und Angestellten. In den Karnevalsgruppen gaben die Trommeln das Signal zum *tango*, den die Weißen von den schwarzen *criollos* gelernt hatten. Dieser Tango war der *candombe* ähnlich, aber fröhlicher, und hatte angeblich mehr Figuren. Die *tangos* waren ein wichtiger Bestandteil des Karnevals, und die Weißen nannten ihren Tanz deshalb *tango*, weil sie »nicht vulgär werden und ihn *candombe* nennen wollten«.

Die ersten Anzeichen einer anderen, eigenständigen Choreographie traten unter dem wachsenden Druck der europäischen Paartänze auf (Tänze, bei denen sich die Paare umarmen), die die Schwarzen umgestalteten und wiederverwendeten. Unter den originellsten Figuren des Tango sind besonders *corte* (Schnitt) und *quebrada* (Bruch) zu nennen, die ursprünglich in den Tänzen der Schwarzen vorkamen. Dieser im Entstehen begriffene Tango war damals nur ein Tanz unter vielen, wie etwa Foxtrott, Shimmy, Paso doble, Fado und andere. Genauso wie die Schwarzen sich die Instrumente, die Melodienvielfalt, die Poesie der Weißen aneigneten, bemächtigten sich letztere im Gegenzug der Trommeln und Rhythmen der Schwarzen, indem sie sie in ihre eigene Musik integrierten und auf diese Weise »aufhellten«.

Als 1916 in Montevideo die Föderation der Studenten Uruguays ihre *murga* für den Karneval vorbereiteten, komponierte Gerardo Matos Rodríguez jene *marcha*, die er »La cumparsita« nannte. Angeblich sagte er, während er in den tiefen Lagen Klavier spielte: »Das muß nach Neger klingen!«

Auch wenn sie mittlerweile verschwunden oder marginalisiert sind, bleiben die Schwarzen in der Region um den Río de la Plata doch durch ihren Beitrag zu Musik und Tanz der Weißen präsent. Genausowenig wie die Musik in New Orleans am Anfang des 19. Jahrhunderts ausschließlich von Schwarzen geschaffen wurde, erfanden die Schwarzen am Río de la Plata den Tango. Doch ohne die nachhaltigen Einwirkungen der afro-amerikanischen Kulturen und das komplexe Zusammenspiel von Anziehung und Ablehnung, Beherrschung und Unterdrückung zwischen Schwarzen und Weißen hätte der *tango porteño* nicht entstehen können.

Der *criollismo*

Die Besetzung der *comparsas* mit Weißen muß in Bezug gesetzt werden zu der Entstehung des *criollismo* in den 1880er Jahren. Als seine Geburtsstunde gilt die Veröffentlichung des Werkes *Martín Fierro* von José Hernández. Die Weißen entwickelten ein Gefühl für »das, was von hier stammt«, jenes »kreolische Bewußtsein«, das zur Entwicklung eines eigenen kulturellen Brauchtums führte. Tatsächlich wandte sich die einheimische Gesellschaft (die Bewohner von Buenos Aires und Montevideo) am Ende des 19. Jahrhunderts mit dem unaufhaltsamen Fortschreiten der Industrialisierung wieder traditionellen Werten zu. Im Hippodrom von Buenos Aires wurden 1880 *cielito*, *zamba*, *gato* und *milonga*, die traditionellen Tänze der Pampa, getanzt. Der *criollismo* erfuhr eine Aufwertung, und mit ihm alles, was einen Bezug zu örtlichem Brauchtum hatte. Der Karneval und seine *comparsas*, ein Höhepunkt des gesellschaftlichen Lebens, waren ein symbolischer Ort, an dem die Weißen ihre Traditionen pflegen konnten; das galt vor allem für die unteren Schichten, deren Lebensweise durch wirtschaftliche Umwälzungen bedroht war. Dieser *criollismo* wurde zu einer Komponente des Tangos, der noch für einige Zeit *criollo* genannt werden sollte.

Die »Erfindung« der Musikgattungen

Vor der Mitte des 19. Jahrhunderts ist es schwierig, die musikalische und tänzerische Form der volkstümlichen Musik genau zu bestimmen, da diese per definitionem nicht stabil ist. Augenzeugenberichte sind oft nur beschreibend (»lasziver Tanz«, »teuflische Musik«) und die wenigen Notentexte irreführend, vor allem was den Rhythmus anbelangt. Als Beispiele können der *merengue* in Venezuela, der *huayno* und der *yaravi* in Peru, die *aires criollos* in Argentinien, der *bambuco* in Kolumbien, die *maxixe* und vor allem die *samba* in Brasilien angeführt werden. Diese musikalischen Kategorien hatten sich im Laufe des 19. Jahrhunderts herausgebildet, und die einzelnen sozialen Gruppen hatten sie mit unterschiedlichen Inhalten besetzt. Das gleiche gilt für den mexikanischen *son*, der nicht mit der afro-kubanischen Musik gleichen Namens verwandt ist, und auch für *tango*, *testejo*, *lando*, *landú*, *milonga*, *candombe* und *fandango*, die nur festliche Bräuche bezeichneten, so wie in Bolivien die Wörter *huayno* oder *wayño* nur Lieder im allgemeinen bezeichneten, ohne genau definierten musikalischen oder choreographischen Inhalt.

Zudem gibt es in Südamerika zahlreiche Fälle von regelrechten »Musikerfindungen« durch Verleger, wie im Falle des *chamame* in Argentinien, der 1930 bei RCA Victor erfunden wurde (der Begriff, nicht die Musik!), um so eine von den Guarani-Indianern abstammende Kundschaft zu gewinnen. Andere Verleger benutzten volkstümliche Begriffe zur Bezeichnung von europäisierender Musik, wie im Falle des *joropo* in Venezuela. Manche Verleger scheuten nicht einmal davor zurück, den Namen der Musikgattungen umzuformen oder ganz zu ändern. 1900 veröffentlichte der Verlag Breyer Hermanos in Buenos Aires das Stück »Bartolo tenía una flauta« unter der Bezeichnung *milonga*. Drei Jahre später erschien der gleiche Titel im Katalog des Verlages unter der Bezeichnung *tango criollo*. Es lassen sich noch andere Beispiele finden – Habaneras, die in *milongas* umbenannt wurden, oder *zarzuela*-Stücke wie »La gran vía« von Chueca y Valverde, die alle vom Verleger Tango genannt wurden, womöglich allerdings auf Initiative des Komponisten selbst.

Am Anfang des Jahrhunderts veröffentlicht der Pianist Ernesto Nazaré in Rio de Janeiro Dutzende von *tangos brasileiros* wie »Bambino«, »Brejeiro«, »Cruzeiro«, »Xango« und sogar einen *tango característico* mit dem Titel »Batuque« (man beachte die Afrikanismen), die in ihrer rhythmischen Struktur der Habanera ähnlich sind. Diese Tangos unterscheiden sich nicht von den Musikstücken, die etwas später in Brasilien *choros* genannt wurden. Zu erwähnen ist in diesem Zusammenhang auch der angeblich anonyme *tango brasileiro*, der 1908 in Paris vom »Zigeunerorchester des Restaurants zur toten Ratte« (»L'Orchestre Tzigane du Restaurant du Rat Mort«) aufgenommen wurde (auf der CD *Tango à Paris* bei Frémeaux erschienen) und der nichts anderes war als »El choclo«, der bekannte Tango von Angel Villoldo.

Der Begriff Tango war in Amerika und in Europa so sehr in Mode, daß er überall und für alles benutzt wurde, und die Verleger bildeten da keine Ausnahme. Im Bereich der mündlich überlieferten Musik kann man sich also auf spätere schriftliche Quellen nicht verlassen.

Die undefinierbare *milonga*

Der Begriff *milonga* tauchte ab dem 19. Jahrhundert am Río de la Plata auf. Wie vergleichbare Bezeichnungen in ganz Südamerika (*maxixe* in Rio de Janeiro, *joropo* in Venezuela) gehörte auch *milonga* zu einer Kategorie von Begriffen sehr vagen Inhalts, mit denen man die Feste der Schwarzen und Mestizen und das Umfeld der unteren Gesellschaftsschichten assoziierte. Schriftliche Quellen bringen sie mit den *bailes* der Farbigen in Verbindung. Mehrere Autoren leiten den Begriff von einem afrikanischen Wort ab, das angeblich »Wort/Sprache« oder »Versammlung um das Wort« bedeutet. In seinem *Diccionario musical brasileiro* definiert Mario de Andrade *milonga* folgendermaßen: »ein afrikanisches Wort der Muatianvua-Stämme für eine Versammlung, bei der Streit geschlichtet wird«. Daß der Begriff *milonga*, ebenso wie der Begriff *tango*, afrikanischen Ursprungs ist, steht außer Frage. In Lari bedeutet *longa* »Linie/Reihe« und *mi* steht für den Plural. *Milonga* bedeutet also »mehrere Reihen«. (Vielleicht die Reihen, die die Tänzer bilden?) Im übrigen bedeutet *longa* »Ratschlag«, und *milongi* »mehrere Ratschläge«. Ende des 19. Jahrhunderts erhielt der Begriff in Uruguay erst die Bedeutung von »Durcheinander«, dann von »Fest« und erschien auch in der Form *milonguear* für »singen«; »y que siga la milonga« bedeutete: »Jetzt wird weitergetanzt!«

Die Ursprünge des Wortes geben Aufschluß über soziale Gepflogenheiten. In die Hafenspelunken von Montevideo kamen zahlreiche Seeleute aus der ganzen Welt, vor allem aber aus Kuba, denn der Handel entlang der Atlantikküste war zu dieser Zeit besonders intensiv. Im allgemeinen wird angenommen, daß es diese kubanischen Seeleute meist schwarzer Abstammung waren, die die afrikanischen Tanzpraktiken einführten: Von Zeitgenossen wurden sie damals *danza* oder *danza cubana* genannt, was in der Folge aufgrund der geographischen Herkunft der Seeleute in die Bezeichnung Habanera überging.

Wie im Falle des Tangos oder der *candombe* wurde auch hier der Name des Fests stellvertretend für den Tanz verwendet. Jorge Novati gibt an, daß der Begriff *milonga* zuerst auf eine gesungene Melodie verwies, bevor er nach 1880 mit einem Tanz identifiziert wurde. Ayestarán zufolge soll eine Choreographie dieses Namens um 1870 in Uruguay aufgetaucht sein.

Was die musikalische Form betrifft, so gibt der Zeitzeuge R. Lynch Ventura einige Hinweise auf die *milonga*: »Die *milonga* ist dem *por-cifra*-Gesang sehr ähnlich, doch wird letzterer von den Gauchos, die *milonga* dagegen von den Gaunern der Stadt gesungen.« Die *milonga*, zweifellos gesungene oder deklamierte Dichtung, hat keinen klar definierten Rhythmus. Da sie *por cifra* gespielt wurde, ist jedoch anzunehmen, daß sie einen 6/8-Rhythmus hatte. Erst gegen 1880 erhielt sie einen Habanera-Rhythmus. Man sprach dann von *payar por milonga* (2/4-Takt), im Unterschied zu *payar por cifra* (6/8-Takt).

Lynch fügt hinzu, daß *»payar por cifra* eher dem edlen Charakter des Gauchos entspricht«, denn die *milonga*, Musik wie Tanz, hatte immer schon einen schlechten Ruf, was allerdings nicht verhindert hat, daß sie die Gunst der Bevölkerung gewann. Lynch schreibt daher: »Heutzutage wird die *milonga* bei allen volkstümlichen Tanzveranstaltungen gespielt, auf dem Akkordeon, der Querflöte, auf Kämmen, Harfen oder Geigen. Sie wird auch auf Drehorgeln gespielt, wo sie wie eine *danza* oder Habanera arrangiert ist.« In den wenigen Notenbeispielen, die Lynch in seinem Buch anführt, taucht folgender Rhythmus auf: Sechzehntel, Achtel, Sechzehntel, Achtel, Achtel, was dem Rhythmus des brasilianischen *choro* entspricht und nicht dem der Habanera. Diese *milonga*, die langsam Form annahm und oft beliebte Melodien aufgriff, fand sich häufig in Theaterstücken und Satiren. Wie schon erwähnt, wurden viele dieser *milongas* später in Tangos umbenannt.

Was den Tanz *milonga* betrifft, so präzisiert Lynch: »Es sind die *compadritos* der Stadt, die ihn tanzen; sie haben ihn erfunden, um sich über die Tänze der Schwarzen auf deren Festen lustig zu machen. Der Takt entspricht dem der Trommel bei der *candombe*.« Die *milonga* ist in den Vorstädten entstanden, wo der *compadrito*, oft ein ehemaliger Gaucho, der als Mestize selbst gesellschaftlich benachteiligt war, unfreiwillig mit den Schwarzen zu tun hatte. Die Nähe zu den Schwarzen und die Ablehnung innerhalb der Gesellschaft trieben ihn zum Spott. Er ahmte die Schritte der Schwarzen nach, deren Art, die Partnerin zu umfassen, was doch in den *criollo*-Tänzen und Gesellschaftstänzen nicht gestattet war. Er versuchte, die Schwarzen, die er verachtete, durch die Imitation ihrer Tänze lächerlich zu machen, ohne diese Tänze jedoch tatsächlich zu beherrschen oder es auch nur zu wollen. Die Schwarzen ihrerseits übernahmen von ihren ehemaligen Herren die Paartänze, die die afrikanische Tradition nicht kennt. Die europäischen Gesellschaftstänze wie Mazurka oder Polka wurden durch diesen Kontakt verändert, denn die Schwarzen reicherten sie mit Elementen aus ihrer eigenen Kultur an, die diesen Tänzen fremd waren. Der *compadrito* übernahm von den Schwarzen diese neuen Elemente, ohne sich darüber im klaren zu sein, daß er, indem er sich über sie lustig machte, neue Schritte zu diesem Tanz erfand. Diese Umwandlung der Figuren der *candombe* ging in den Niederungen der Stadt und in den Bordellen vor sich. Alle Berichte vom Anfang des 20. Jahrhunderts beschreiben Tango und *milonga* als Tänze der Bordelle.

Heute bezeichnet *milonga* in Argentinien erstens eine kodifizierte Untergruppe von Tanz und Musik, die zur Welt des Tangos gehört; zweitens den Veranstaltungsort des Tanzes selbst; drittens jede volkstümliche Tanzveranstaltung. Der Begriff *milonguero* bezeichnet erstens die Tangotänzer und zweitens Musiker, die swingen.

In gesungener Form blieb die *milonga* auf dem Land erhalten, oft als einfache Melodie, die auf zwei Akkorden aufbaut (erste und fünfte Stufe mit Wiederaufnahme der ersten Stufe). Durch seinen Zweiertakt-Rhythmus erhielt der Tanz einen schnellen, gebundenen und zugleich unruhigen, »springenden« Charakter.

Der Tanz

Oftmals kann ein und derselbe Tanz in einer salonfähigen und einer volkstümlichen Form existieren, wie beispielsweise Walzer, Polka und Habanera. Jorge Novati zufolge lassen sich ab 1880 zwei Arten der Habanera am Río de la Plata ausmachen, die auf unterschiedlichen Wegen ins Land gekommen sind. Die eine wurde *habanera de salón* genannt, die andere *habanera quebrada*. Bei letzterer wiegte man die Hüften und führte die Figuren *corte* und *quebrada* aus. Diese zweite Form wurde bald als Tango bezeichnet. Die Eingliederung in den Tango ging an den Orten vonstatten, an denen sich die Kulturen, Musikgattungen, Tänze und Instrumente vermischten, an Orten, die von *compadritos* aufgesucht wurden. Die Mestizen und Weißen lernten von den Schwarzen die Figuren *corte* und *quebrada*, die Verschiebung des Akzents in den Melodien und Rhythmen, das Aneinanderschmiegen von Oberkörper und Wangen. Die Figuren *corte* und *quebrada* waren aus den Umzügen der Straßen-*candombe* hervorgegangen. *Corte* bedeutet eine Pause in der Aufeinanderfolge der Figuren, *quebrada* eine Neigung der Körper der Tänzer. Diese und andere von den Schwarzen benutzte Figuren wurden in den neuen Tanz integriert und veranlaßten die Musiker, die Konturen der begleitenden Musik zu modifizieren.

Der Tango, eng umschlungen getanzt, entstand aus dem Brauchtum der Gauchos am Río de la Plata, der Schwarzen, die ihre Tänze mit europäischen Gesellschaftstänzen vermischt hatten, und der Weißen, die sich über die Schwarzen lustig machten, indem sie deren Tanzfiguren nachäfften. Daher wirkte der damalige Tangotanz so provozierend und unverschämt, ein Aspekt, den er mit seinem sozialen Aufstieg nach und nach verlor.

Die Eingliederung der Tanzriten der Schwarzen in die Choreographie des *tango porteño* vollzog sich um das Jahr 1890, aber erst 1903 begannen die Zeitungen den Begriff Tango mit einem Tanz, der bei Karnevalsbällen aufgeführt wurde, in Verbindung zu bringen. Er sollte nach und nach die anderen Tänze auf die Plätze verweisen und breite Bevölkerungsschichten, deren Verlangen nach *criollismo* jeden Tag stärker wurde, erobern. Wenn der berühmte Tänzer »El Cachafáz« (José Ovidio Bianquet, 1885-1942) mit seiner Partnerin Carmen Calderón auftrat, dann tat er das häufig in der traditionellen Kleidung eines Gauchos.

Um 1910 hatte der Tango allgemeine Anerkennung bei den unteren Schichten gefunden, die, durch die Erlangung des allgemeinen Wahlrechts 1912 mutig geworden, die Vergnügungsstätten stürmten. Doch kurz darauf eroberte der Tango auch die Mittelschicht, die durch ihre zahlenmäßige Stärke 1916 die Radikale Partei an die Macht brachte. Der Tangotanz verließ die *orilla* und die schlecht beleumdeten Orte und war nun in den Cabarets anzutreffen, wie im Royal Pigall und im Armenoville, für das Juan Maglio »Pacho« 1913 einen Tango komponierte. Der Tango drang auch in akademische Kreise vor. 1914 organisierte die Asociación Argentina de Compositores ein Tangokonzert, an dem auch Militärblaskapellen (*bandas*) teilnahmen. Der Tango erhielt seine wichtigsten Schrittfolgen und feste Regeln, und auch hier entstanden zwei Ausprägungen des Tanzes: einerseits der Tango der Salons mit sparsamen Bewegungen und Schrittfolgen zur Akzentuierung des Taktes und mit Abstand zwischen den Tanzpartnern, und andererseits ein *tango milongueado* mit komplexeren Figuren und Synkopen. Er war provokanter und sinnlicher, und die Partner berührten sich mehr. Heutzutage existieren nach Aussage von Tänzern mindestens zwei Arten des Tangos: diejenige, bei der die Partner sich parallel bewegen und eine gewisse Distanz wahren (»weißer« Tango), und die, bei der die Tänzer ein umgekehrtes V bilden, dessen Spitze die aneinandergelegten Wangen der Tänzer sind (»schwarzer« Tango).

Wie dem auch sei, als der Tango den Ozean überquerte, um Paris zu erobern, war er zur Musik und zum Tanz einer breiten Bevölkerungsschicht am Río de la Plata geworden.

Die Instrumentierung des Tangos

Der im Entstehen begriffene Tango wurde von den verschiedensten Ensembles in ihre Repertoires aufgenommen und neben Märsche, Mazurkas und Polkas gestellt. Es gibt Tangoaufnahmen von Militär- und Polizeikapellen. Die *orfeones*, Ensembles mit Chor und Instrumenten, nahmen an den *comparsas de carnaval* teil. Die aus der spanischen Tradition hervorgegangenen *rondallas*, Straßenmusikensembles mit Saiteninstrumenten (Geigen, Gitarren, Mandoline und *bandurrias*, wobei die beiden letztgenannten in Argentinien heute verschwunden sind), waren sehr beliebt, ebenso wie die *estudiantinas* (große Streichorchester, die in ganz Lateinamerika beliebt waren). Tangomusiker wie Alfredo Bevilacqua, Prudencio Aragón, Enrique Saborido, der Autor von »La morocha«, begannen noch vor Anfang des Jahrhunderts in *rondallas* zu spielen. Diese »Wanderorchester« verbreiteten die neue Musik in den Straßen, zusammen mit den *organillos* oder *organitos callejeros* (Drehorgelspieler), die zahlreiche Tangos bekannt machten, so zum Beispiel »Joaquina«, »Unión civica«, »El choclo« oder »El porteñito«.

In der ersten Zeit des Tangos findet man Trios mit Geige, Querflöte und Harfe, manchmal auch mit italienischem Akkordeon, Harmonika, mit Seidenpapier bespannten Kämmen oder Konzertina, wie bei dem Trio des Geigers »Negro Casimiro« und des Klarinettisten »Mulato Sinforoso«. Sie wurden von einer Gitarre begleitet und spielten in den Bordellen in der Umgebung der Avenida Corrientes y Paraná. Manche Trios hatten auch ein Klavier, so wie das von Roberto Firpo, der sich von Klarinette und Geige begleiten ließ und im Tambito in Palermo auftrat. Andere Trios, die in Cafés spielten, wurden berühmt, wie das Trio des Geigers Ernesto Ponzio um 1902, das Trio des Bandoneonspielers Vicente Greco um 1903 und das von Eduardo Arolas, ebenfalls Bandoneonspieler, im Jahr 1910. Das Bandoneon hatte noch nicht die differenzierte Rolle der anderen Instrumente, doch es tauchte immer häufiger auf, besonders in den *cuartetos*, zum Beispiel den Ensembles von Ernesto Ponzio oder A. Bernstein, der von Tito Roccatagliata an der Geige, Bazán an der Klarinette und P. M. Ramírez am Klavier begleitet wurde. Die Harfe wurde zugunsten der Gitarre aufgegeben, da diese billiger und leichter zu transportieren war. Am häufigsten wurden diese Instrumente in Cafés und Bars gespielt, was nicht ausschließt, daß sie auch in »intimeren« Etablissements zu finden waren, doch da die Gitarre das Instrument der einfachen Bordelle blieb, war das bevorzugte Instrument der »feinen« Freudenhäuser das Klavier, woraus sich auch die beeindruckende Zahl von Tangos für Klavier erklärt, die in dieser Zeit geschrieben wurden. In der Folge, so Luis Adolfo Sierra, verließ das Klavier das Bordell, es streifte sein altes Gewand ab und ließ die betörenden Düfte hinter sich. Das Klavier erlaubte dem Tango, manche gesellschaftliche Barriere zu überwinden und seinen Platz zwischen Walzer und klassischer Musik in den vornehmen Tanzlokalen von Buenos Aires einzunehmen.

Doch die neue Formation, die sich behaupten sollte, war das Trio mit Geige, Klavier und dem Instrument, das sich definitiv als *la voz del tango*, die Stimme des Tangos, durchsetzen wird: dem Bandoneon.

Das Bandoneon

Die Frage, wann und unter welchen Umständen genau das Bandoneon in Argentinien ankam, ist auch heute noch Gegenstand zahlreicher Polemiken. So könnte ein Schweizer Immigrant im Jahre 1863 oder aber »Bartolo, der Brasilianer«, der um 1870 angeblich einen *bando* mit 32 Knöpfen mitbrachte, oder schließlich 1884 ein Engländer das Instrument nach Argentinien gebracht haben. Zucchi zufolge begann um 1900 ein deutscher Seemann im Stadtviertel La Boca Bandoneons zu verkaufen. Auf welchem Weg das Bandoneon auch nach Argentinien gefunden haben mag, es gliederte sich schnell in die volkstümliche Musik ein und wurde neben Gitarre, Querflöte und Geige Bestandteil von Quartetten. In den Orchestern waren zu dieser Zeit alle Instrumente Melodieinstrumente. Das musikalische Gewicht des Bandoneons stieg, nachdem die Querflöte aufgegeben worden war und sich der Tango von der Geige abgewandt hatte, um sich, mit Arturo Penóns Worten, »in den Falten des Bandoneons einzunisten«. Das Aufkommen der Trios, des Klaviers und vor allem der *orquestas típicas* verlieh ihm eine Vorrangstellung, die bis heute nie in Frage gestellt wurde.

Am Anfang des Jahrhunderts war der Tango schnell und hüpfend. Bis in die Jahre um 1910 hatte er einen 2/4-Takt und einen schnellen, munteren Rhythmus (Habanera-Rhythmus), der sich für Geigen, Querflöten und Gitarren eignete. Nach Meinung zahlreicher alter Musiker war es das Bandoneon, das den Anstoß zur Veränderung der Tangomusik gab. Es war das Bandoneon, das den schleppenden (*arrastre*), sehr gebundenen Klang des Tangos prägte. Viele Musiker, die ausschließlich nach Gehör spielten, griffen zu diesem Instrument. Um 1910 gab es mehr als tausend Bandoneonspieler in Buenos Aires. Manche glaubten, daß in der großen Verbreitung des Bandoneons der Grund für die Veränderung des Tangotaktes zu sehen sei. Doch es ist schwierig, genaue Gründe zu ermitteln. Jedenfalls wurde der Tango zu dieser Zeit langsamer. Der schnelle 2/4-Takt wandelte sich zu einem behäbigen vierschlägigen Rhythmus (4/8), und der Tango wurde, wenn nicht trauriger, so eben doch langsamer.

Seit der Epoche der Guardia vieja [siehe nächstes Kapitel] ist das Bandoneon die Stimme des Tangos und das Instrument der Tango-Ästhetik schlechthin. Durch seine Artikulationsmöglichkeiten und sein Klangvolumen ähnelt es stark der menschlichen Stimme, und wie diese kann es stöhnen, rufen, zittern, wütend oder extrem sanft sein und tiefen Schmerz ausdrücken. Sein Klang kann neutral, sanft, heftig oder aggressiv sein, beim Zug wie beim Druck. Beide Techniken finden Anwendung. Man erhält beim Zug einen klopfenden Effekt für die betonten Noten und die Synkopen, was durch das Aufschlagen des Absatzes auf den Boden verstärkt werden kann, eine Technik, die das Orchester von Pugliese meisterhaft beherrschte. Das Bandoneon besitzt eine erstaunlich große Ausdruckspalette, denn seine beiden Seiten produzieren unterschiedliche Klangfarben: Aufgrund der Konstruktion des Klangkörpers, der auf der einen Seite keine Öffnungen hat, klingt es auf dieser Seite gedämpfter als auf der anderen. Die sehr enge Anordnung der Knöpfe ermöglicht einen Tonumfang von mehreren Oktaven für eine Hand. Das Instrument kann daher gleichzeitig eine Melodie und komplexe Akkorde spielen, denn fast jede Taste entspricht zwei Noten. Die musikalische Idee kann also gleichzeitig harmonisch und melodisch entwickelt werden, da insgesamt vier Klaviaturen benutzt werden können – für ein Instrument dieser Größe eine erstaunliche Vielseitigkeit. Daraus erklärt sich die wichtige Rolle, die Bandoneonspieler in der Geschichte des Tangos als Orchesterleiter, Komponisten und Arrangeure gespielt haben. Man denke nur an Domingo Santa Cruz, Angel Villoldo, Pedro Láurenz, Juan Maglio »Pacho«, Eduardo Arolas, Pedro Maffia, Ciriano Ortiz, Aníbal Troilo, Leopoldo Federico, Astor Piazzolla und etwas später Osvaldo Piro, Néstor Marconi, Binelli und Juan José Mosalini.

3. Kapitel

DIE GUARDIA VIEJA

In Hunderten von *cafés*, *academias*, *casas de baile* mit oft irreführenden Namen trat eine beeindruckende Zahl Musiker auf, häufig als Trio (Querflöte, Geige, Gitarre oder Mandoline) oder Quartett (Gitarre, Geige, Querflöte, Bandoneon), später als Quintett (Gitarre, Querflöte, zwei Geigen, Bandoneon). Enrique Horacio Pucchia zählt sie in einer endlos langen Liste auf: Pianisten, Geiger, Flötisten, Violoncellisten, Kontrabassisten, Klarinettisten, Mandolinespieler, Bandoneonisten; insgesamt fast tausend Musiker allein in Buenos Aires, nicht eingeschlossen die zahlreichen Laienmusiker, die im privaten Kreis spielten oder nur gelegentlich auftraten.

Die Guardia vieja [die alte Schule] sind die Komponisten der ersten Tango-Generation, die mit dem Tango »El entrerriano« von Rosendo Mendizábal offiziell ins Leben trat; dieses Stück war der typische Tango dieser Epoche. Einige Musiker waren noch von der ländlichen Seite von Buenos Aires geprägt, was sich an Titeln und Themen der Stücke ablesen läßt, zum Beispiel dem Text von »El torito« von Villoldo oder »Tierrita« von Agustín Bardi. Sie waren zum Großteil *orejeros*, Musiker, die stark mit der mündlichen Tradition verbunden waren und ihre Stücke von Musikwalzen oder Schellackplatten nach Gehör lernten. Sigfredo Pastor hat sie auf einem berühmten Aquarell verewigt.

Das Publikum, das diese Musikaufnahmen hörte, versuchte, sich die Musik zu besorgen, und schuf so einen Markt für die damals neu aufkommenden Notenausgaben volkstümlicher Musik. Bis dahin hatten die Komponisten ihre Musik nicht namentlich gekennzeichnet, da es keine Notentexte gab. Angeblich komponierte der bei Frauen sehr beliebte Geiger und Komponist »Negro Casimiro«, der Anfang des Jahrhunderts starb, zahlreiche Tangos, darunter auch »Entrada prohibida«, den Luis Teisseire als sein Werk ausgab. Musik solcher Komponisten blieb anonym und gliederte sich in die traditionelle Musik ein.

Mit dem Aufkommen von Notenausgaben gaben zahlreiche Musiker anonyme Stücke als ihre Werke aus, Melodien, die bis dahin ohne Autor im Umlauf gewesen waren und nun – mit neuem Text und neuem Titel – zu Tangos erklärt wurden. Es heißt, daß selbst Villoldo angeblich das Thema seines berühmten »El choclo« (Der Maiskolben), eines der berühmtesten Stücke in der Geschichte des Tangos, diesem Bestand entnommen haben soll. Von nun an, und das war ein neues Phänomen, konnten Komponisten volkstümlicher Musik genauso berühmt werden wie ihre Werke. Das war auch der Fall bei dem Uruguayer Gerardo Matos Rodríguez, dem Autor von »La cumparsita«, das, so wird erzählt, an einem Karnevalstag 1916 in Montevideo auf einem alten Klavier der Uruguayer Studentenföderation komponiert wurde. Dieses Motiv sollte das berühmteste in der Geschichte des Tangos werden, eines der meistgespielten der Welt und der Anlaß zahlreicher Urheberrechtsprozesse.

Zu Beginn des 20. Jahrhunderts wurde am Río de la Plata eine Fülle von Musik schriftlich niedergelegt – *tango criollo*, *milonga*, *tango-milonga*, *milonga-tango*, *tango argentino*, *tango de salón*, *tango de concierto* –, die letztlich immer gleich strukturiert war. Doch man findet auch *música criolla* aus Buenos Aires, wie zum Beispiel den *estilo*, dazu Walzer, Schottisch, Mazurkas, Two-steps, Märsche, von klassischer Musik beeinflußte Volksmusik und die Musik der Salons. Insgesamt gab es eine sehr große Musikproduktion: mündlich überlieferte Musik, die notiert worden war, Volksmusik, die auf akademische Weise arrangiert wurde, oder Kunstmusik, die mündlich weitergegeben wurde und so fort. Zwischen akademischer, traditioneller und volkstümlicher Musik herrschte in Südamerika ein reger Austausch, was sich die Musikverleger zunutze machten; sie veröffentlichten alles, wonach das Publikum verlangte.

Unter den ersten Tangokomponisten waren zahlreiche Pianisten, die in Bordellen spielten: Manuel O. Campoamor im María la Vasca, Samuel Castriota, der Autor von »Mi noche triste«, im Madame Blanche, Alfredo Bevilacqua im Pasatiempos, Rosendo Mendizábal im Laura, wo auch Campoamor gearbeitet hatte. Daraus erklärt sich auch die beträchtliche Zahl von *tangos criollos para piano* oder *tangos-milongas para piano*.

Viele dieser *tangos criollos* entstanden im Umfeld der Bordelle als Dank an gut zahlende Kunden, so auch »El entrerriano« von Mendizábal. Manche tragen Namen von Frauen oder Animierdamen, wie »Felicia« von Saborido oder das vom Gitarristen Bergamino geschriebene »Joaquina«. Der Klavierpart des Stücks, das vom »Mulato Posadas« geschrieben wurde, ist eine Hommage an Joaquina Marán, die Besitzerin der *casa de baile* La China Joaquina. Viele dieser Tangos haben zweideutige Titel, wie Campoamors »La c...ara de la l...una« (eigentlich »das Gesicht des Mondes«), dessen Titel auf das weibliche Geschlecht verweist (Anspielung auf »la concha de la lora«, die »Muschi« der Nutte), oder »Entrada prohibida« von Teisseire und Hunderte anderer.

Aus dieser Musikproduktion gehen die Komponisten der *música criolla porteña* hervor, die man später die Guardia vieja, die alte Schule, nennen wird.

Angel Villoldo

Angel Villoldo war sicherlich ein besonders typischer Vertreter seiner Zeit. In seinem bemerkenswerten Werk *El Buenos Aires de Angel Villoldo* beschreibt Pucchia die Atmosphäre der Epoche so: »Das Leben von Angel Villoldo war ein genaues Spiegelbild des damaligen Buenos Aires, malerisch, unschuldig und wild zugleich, mit ländlichen Anklängen, einer guten Portion Vorstadt und einem Hauch von Stadtleben.« Hin und her gerissen zwischen Land und Stadt war Villoldo Pferdetreiber, Drucker, Zirkuskünstler, Librettist und vor allem *payador*.

Im Gegensatz zu anderen Musikern der Guardia vieja war Villoldo auch ein bemerkenswerter Texter. Als *payador* nahm er, so wie es noch Brauch war, sehr oft an öffentlichen Dichterwettstreiten teil, so zum Beispiel 1898 im Zirkus Anselmi gegen Arturo de Navas, der als der beste galt. Villoldo konnte improvisieren und schnell Texte erfinden, wie es der ländlichen Tradition entsprach, und so verfuhr er auch mit dem Tango »La morocha« von Saborido. Seine Tangos waren gespickt mit ländlichen Begriffen wie *rancho*, *gaucho*, *caballo*, *cimarrón*. Auch den Text von »La morocha« – er gilt als der erste Tango mit Text überhaupt – hat Villoldo angeblich improvisiert. Seine fröhlichen, ironischen, satirischen Texte erzählen vom täglichen Leben, wie etwa der Text von »¡Cuidado con los cinquenta!«, in dem der Polizeichef jedem eine Geldstrafe von fünfzig Pesos auferlegt, der auf der Straße den Frauen Komplimente nachruft. Villoldo wurde berühmt, nicht zuletzt deshalb, weil seine Kompositionen von bekannten Künstlern wie Lola Candales oder Pepita Avellaneda gesungen wurden. Als er 1919 starb, ging damit für Buenos Aires wie für den Tango eine Epoche zu Ende.

4. Kapitel

DER TANGO IN PARIS

Paris spielte eine große Rolle bei der Verbreitung, Erweiterung und Umformung des Tangos – der Musik wie des Tanzes –, eine Rolle, die es auch achtzig Jahre später noch einmal spielen sollte. Zu Beginn des Jahrhunderts genoß Paris hohes Ansehen in Argentinien, man betrachtete es als eine der wichtigsten Kulturhauptstädte der Welt. Die neu erfundene Technik der Schallplattenaufnahme und die wachsende Beliebtheit des Tangos veranlaßten die Firma Gath & Chaves aus Buenos Aires, die Produktion von Schallplatten aufzunehmen. Die Gesellschaft schickte Alfredo Eusebio Gobbi und seine Frau, die chilenische Sängerin Flora Rodriguez (das Ehepaar hatte schon 1905 in London Musikwalzen aufgenommen), in Begleitung von Angel Villoldo nach Paris, wo sie 1907 Aufnahmen machten. Das Ehepaar Gobbi verhalf der Musik zu größerer Bekanntheit, gab Tangounterricht, gründete einen Verlag und nahm Musik auf Platten und Walzen auf, die jedoch heute alle verloren sind, mit Ausnahme des Stücks »El sargento cabral« von Campoamor, das 1907 von der Blaskapelle der Republikanergarde von Paris aufgenommen wurde. Wenn das Ehepaar Gobbi während seines siebenjährigen Aufenthaltes in Paris auch sehr aktiv war, so nimmt man doch an, daß der Tango auch noch auf anderen Wegen nach Frankreich gelangte. Zum Beispiel über die Seeleute der argentinischen Fregatte

Sarmiento, die Notentexte von »La morocha« und »El choclo« in Marseille zurückließen, und vermutlich auch auf dem weniger ehrenhaften Wege des Handels mit südamerikanischen weißen Frauen, der zu dieser Zeit blühte – wie es von Albert Londres überliefert wurde –, oder auch durch argentinische Intellektuelle und Musiker wie den Schriftsteller Güiraldes oder den Komponisten López Buchardo, vielleicht aber auch über alle diese Kanäle gleichzeitig.

Wie dem auch sei, die Stadt – immer auf der Suche nach Exotischem – begeisterte sich für Musik und Tanz (vor allem für den Tanz!), insbesondere die High-Society, diese gebildete, libertine, freizügige und mondäne Bevölkerungsgruppe, die die Salons und Veranstaltungen besuchte, wo auch der Tango getanzt wurde. So tanzte beispielsweise Mistinguette 1910 in der Music-Hall einen Tango, wobei die Schritte vermutlich extra für diesen Anlaß erfunden worden waren und mit dem *tango porteño* wenig gemeinsam hatten. Der Tanz, der in Paris getanzt wurde, hatte vom Tango nur den Namen und die Musik.

Ab 1911 eroberte der *tango argentino* die aristokratischen Kreise, dann die Varietés und die Tanzlokale der unteren Schichten. Diese Pariser »Tangomanie«, in der der Tango bald als Maß aller Dinge galt, ist schon oft beschrieben worden: Es gab Tango-Teegesellschaften, Tango-Cafés, die Farbe Tango, Tango-Matineen, hochgeschlitzte Tangokleider etc. »Die eine Hälfte von Paris reibt sich an der anderen«, meinte 1912 der Chronist Sem, der diese um sich greifende Epidemie folgendermaßen beschreibt: »...die Neurose ist weit fortgeschritten. In einem nicht aufzuhaltenden Siegeszug hat sie sich in ganz Paris ausgebreitet, hat die Salons erobert, die Theater, Bars, Nachtlokale, die großen Hotels und die Vorstadtkneipen. Die ganze Stadt ist in Aufruhr. Sie hat den Tango unter der Haut.«

Der Tango wurde oft in leerstehenden privaten Räumen getanzt, gerade so, als ob die verschiedenen sozialen Schichten einen neutralen Rahmen suchten, um sich zu treffen, wie es auch Sem beschreibt:

> Ist es nicht ein erstaunlicher Anblick, all diese überaus feinen, von Luxus und Komfort übersättigten Menschen, Stammgäste des Ritz und der Paläste, die es akzeptieren, sich regelmäßig nachmittags in irgendeinem bescheidenen Lokal zu versammeln, wo sie nur von einer einfachen, staunenden Serviererin bedient werden...
>
> Ist es nicht noch überraschender, die unterschiedlichsten und gegensätzlichsten Vertreter der verschiedenen Schichten versammelt zu sehen, zusammengedrängt in drei kahlen Zimmern, wo sie sich nicht aus dem Weg gehen können: überzeugte Snobs, die eifersüchtig ihre sorgfältig ausgewählten Bekanntschaften pflegen, Aristokraten voller Standesdünkel und Klassenvorurteile, Lebemänner, Kundenfänger für Kasinos, Hungerleider, eine echte Prinzessin, ein spanischer Adliger, zwei Gräfinnen, Schauspielerinnen (!), Industrielle, Offiziere, junge Mädchen und Dirnen, kosmopolitische Abenteurerinnen und bürgerliche Damen, alle vereint in derselben Trunkenheit, derselben Begeisterung für den Tango?

Die Pariser waren im übrigen davon überzeugt, daß »ihr« Tango wirklich »der« Tango war und der Tango der Bordelle eine Imitation des ihren. Dieser von der High-Society übernommene Tango wurde von der politischen Elite verdammt, wie sich der Botschafter Argentiniens in Paris erinnert, und argentinische Schriftsteller wie Leopoldo Lugones bezeichneten den Tango als »gemeines Reptil der Bordelle«. Und in der Tat, was sollte man den »Sündern, die bei der Beichte gestanden, Tango zu tanzen«, antworten? Die Kirche und die Bischöfe verdammten den Tango, aber ein päpstliches Verbot ist entgegen manchen Behauptungen Legende. Es wird erzählt, daß Pius X. den Tanz zu sehen verlangte und den jungen römischen Adligen, die ihn vorführten, riet, diesen »Negertanz« aufzugeben und die Forlana zu erlernen, einen ursprünglich aus seiner Heimat Venetien stammenden Tanz.

Wie dem auch sei, als der Tango nach Argentinien zurückkehrte, sah sich die Oligarchie Jorge Novati zufolge zwei Alternativen gegenüber, nämlich »entweder den durch die Pariser Salons einmal gereinigten Tango zu akzeptieren oder die Salons aufgrund seiner niederen Herkunft hermetisch vor ihm zu verschließen«. Die einheimische Presse schwankte zwischen den beiden Alternativen und wartete die Entwicklung ab. Ein Teil Argentiniens mußte überrascht entdecken, daß der andere Teil den Tango schon seit mehr als zehn Jahren tanzte. In Buenos Aires wurde ein Tangofest im Eispalast organisiert, zu dem sich die einheimische Oligarchie einfand, die von da an – im Smoking – einen »weißen« Tango tanzte, der direkt aus Paris gekommen war. »Und wenn er den Ozean wieder überquert hat, werden Sie, schöne Damen von Buenos Aires, Ihren Tango aus dem Viertel um die Straße der *ranas* nicht mehr wiedererkennen. Er wird wunderbar herausgeputzt zu Ihnen zurückkommen, mit allen Reizen von Paris, ein Produkt der Rue de la Paix.«

Die Reise des Tangos nach Paris zog zwei Konsequenzen nach sich:

Einerseits entstand so ein Pariser Gesellschaftstanz, der auf dem *tango porteño* basierte und doch ganz anders war. »Wir können nur lachen, wenn wir daran denken, daß die Tangos in Buenos Aires Namen von Bordellbesitzerinnen tragen: ›La Laura‹, ›La Queca‹, oder Titel mit zweideutigen Vorschlägen wie: ›¡Morde me la camisa!‹ (Beiß mich ins Hemd!), während sie in Paris mit süßlichen und netten Namen wie ›Loulou‹ oder ›Primerose‹ bedacht wurden«, erklärt Sem.

Andererseits hatte die Reise des Tangos nach Paris in Argentinien die weite Verbreitung des *tango porteño* zur Folge, und zwar in sozialen Schichten, in denen er bisher noch nicht Fuß gefaßt hatte – eine neue Entwicklung, die nicht zuletzt auf die stillschweigende Duldung durch den Papst zurückzuführen war.

In Paris wurden immer mehr Tangokurse angeboten. Lehrbücher wurden veröffentlicht, und viele Argentinier und Uruguayer ließen »die Kutscherpeitsche oder den Besen, mit dem sie die Straßen Buenos Aires' oder Montevideos gekehrt hatten, liegen, um sich in Paris als ›Tangolehrer‹ auszugeben«. Der Tango erhielt feste Formen, und die Tanzfiguren wurden unter dem Einfluß der Pariser Académie de Bal sittsamer. Jean Richepin äußerte sich vor der Vollversammlung der Académie Française am 25. Oktober 1913 lobend über den Tango.

Nun mag man sich wundern über diese Tango-Begeisterung, die Anfang des 20. Jahrhunderts von Paris Besitz ergriff. Auf den ersten Blick möchte man kaum glauben, daß einige im großen und ganzen belanglose Niederschriften volkstümlicher Musik und einige Tanzschritte, auch wenn sie exotisch waren, einen derartigen Einfluß auf den Vergnügungsbetrieb einer ganzen Stadt haben konnten. Doch gab es dabei einen nicht zu unterschätzenden symbolischen Faktor: Paris liebt das Exotische. Die Stadt übernahm den Tango mit der gleichen Begeisterung, mit der sie 1919, inspiriert durch den Roman von Pierre Benoît, von Atlantis und seiner Heldin Atinéa schwärmte, deren Name überall in der Stadt zu finden war, auf Parfumflaschen, Toilettenartikeln und in Restaurants. Paris war schon zuvor in den Genuß verschiedener Volksmusikgattungen aus der ganzen Welt gekommen. Zigeunermusik war an manchen Veranstaltungsorten sehr beliebt. Ebenfalls gegen Ende des 19. Jahrhunderts konnte man anläßlich der Weltausstellung auch chinesische, japanische und balinesische Musik erleben. Es heißt, daß neue Gesellschaftstänze in Paris sehr gesucht waren – die alten waren nicht mehr modern, und es kamen kaum neue nach. Der Tango erlaubte engen Körperkontakt. Selbst beim Walzer bleibt ein gewisser Abstand zwischen den Tänzern.

»Nicht die Argentinier haben den Tango nach Paris gebracht, Paris hat ihn sich geholt«, schrieb daher ein Journalist.

In der Folgezeit kamen weitere Tänzer nach Paris. Ein gutes Dutzend übte 1915 diesen Beruf in Paris aus, so zum Beispiel Barnabé Simara, Enrique Saborido, Francisco Ducasse, Juan Carlos Herrera und bereits 1913 Casimiro und Marina Aín. Manche der Musiker ließen sich für immer in Paris nieder.

Dank der argentinischen Musiker blühte der Tango in Paris, aber auch französische, italienische und spanische Musiker erlernten diese Musik. Einige sind hervorragende Bandoneonisten geworden, so auch Georges Caumont oder der Neapolitaner Toni Scala.

Schon vor dem Krieg hatte sich der Tango in Frankreich und in anderen Ländern eingebürgert und weiterentwikkelt. In den schicken Tanzlokalen wie dem La Coupole (wo vor nicht allzu langer Zeit noch der Sohn von Bachicha auftrat) oder dem MacMahon, dem Le Chalet du Lac oder dem Coliséum, wo abwechselnd Tango und Jazz gespielt wurden, hat der Tango eigene Orchester hervorgebracht, die mehr oder weniger den Stil von Francisco Canaro und Julio de Caro aufgriffen.

Gleichwohl muß man unterscheiden: Auf der einen Seite gibt es den argentinischen Tango, der von französischen Musikern gespielt wird, was manchmal zu beachtlichen Ergebnissen führt (zum Beispiel die Piazzolla gewidmeten Aufnahmen französischer Akkordeonspieler wie Yvette Horner, Jacky Naguez und Jo Privat); auf der anderen Seite gibt es den ebenfalls von Franzosen oder von Italienern gespielten Musetten-Tango, der mit dem argentinischen Tango nur wenig gemein hat. Der *tango musette* ist eine eigenständige Musikgattung mit eigenen Kompositionen, eigenem Rhythmus, Stil, Klang und eigenen Tanzfiguren, eine Musik, die während ihrer Blütezeit von Hunderten von Orchestern in ganz Frankreich gespielt wurde. Eine

Art Musetten-Tango hat sich auch in den Arbeitervierteln um die Rue de Lappe und in den Vorstädten entwickelt. Es waren Akkordeonspieler wie Emile Vacher, die Brüder Péguri, Gustave »Gus« Viseur, Emile Prud'homme, Tony Murena, Colombo, Emile Carrara, Jo Privat und Yvette Horner, die sich in diesem Bereich ausgezeichnet haben, manche, wie beispielsweise Luis Corchia, spielten auch Bandoneon.

Nach dem Krieg gab es in Paris zwar noch Orchester, die argentinischen Tango spielten, doch der Tango war am Untergehen. Ob nun einfach oder elegant, er war nur noch eine Ballmusik, die den Tanz begleitete, war in der Ästhetik der vierziger Jahre erstarrt. Der Tango hatte sein Publikum, mit dem er gealtert war, nicht durch ein neues ersetzen können.

Als Astor Piazzolla 1954 nach Frankreich kam, existierte der Tango nur noch in einigen feinen Cafés und bei den Orchestern öffentlicher Tanzveranstaltungen, die auch heute noch einige Tangos in ihrem Repertoire haben.

5. Kapitel

CUARTETOS UND ORQUESTAS TÍPICAS

Die Jahre um 1910 markierten eine politische Wende in der Geschichte Argentiniens. Die Millionen von Einwanderern hatten sich in die einheimische Gesellschaft integriert. Unter dem enormen Druck der Einwanderung hatte diese Gesellschaft ihren Charakter verändert. Die reichen pro-britischen Grundbesitzer sahen ihre Stellung durch den Wohlstand eines Teils der Mittelschicht gefährdet. Dieser gelang es 1922, das Saénz-Peña-Gesetz für allgemeine, geheime Wahlen durchzusetzen, wovon die Radikale Partei bei den Präsidentschaftswahlen 1916 profitierte, als dank einer Koalition der Volksparteien Hipólito Irigoyen an die Macht kam. Von nun an mußte die Aristokratie mit dem Mittelstand rechnen, dessen Wohlstand unter anderem auf die Industrie und den Handel mit Großbritannien zurückging.

Im übrigen war der Tango siegreich aus Paris und sogar aus Rom zurückgekehrt, da der Papst ihn nicht verboten hatte. Der Tango, oder zumindest ein mit ihm verwandter Tanz, wurde in allen europäischen Salons getanzt.

Das Cabaret, als sozialer Raum dem Pariser Vorbild nachempfunden, entsprach diesem Aufeinandertreffen zweier Faktoren: der Spiegelung des Fremden und des

Aufstiegs der Mittelklasse. Letztere sollte den Tango für sich beanspruchen, indem sie ihn eingängiger machte, ihm seine vulgären, an die Bordelle erinnernden Attribute nahm und so einen kreativen Ausdruck des Volkes in ein Sonntagsvergnügen verwandelte. Neue Vergnügungsstätten öffneten sich dem Tango und demonstrierten so den gesellschaftlichen Aufstieg der Musik und des Tanzes. Vom Café gelangte der Tango in die Nachtlokale. Das Armenoville in der Avenida Alvear im Wohnviertel La Recoleta war die symbolische Bestätigung dafür.

Das Aufkommen des Tangos in den feinen Nachtlokalen beendete die Tradition der alten Trios und Quartette. Der Tango wurde melodischer, und es dauerte nicht lange, bis der *tango canción* aus der Taufe gehoben war. Der Tango begleitete nicht mehr nur den Tanz, er war jetzt auch zum Anhören gedacht.

Der Tango fand nun größere Verbreitung, man spielte ihn in den einfachen Cafés wie an großen und luxuriöseren Veranstaltungsorten. Es wurden mehr Partituren und Schallplatten veröffentlicht, um die wachsende Nachfrage zu bedienen. Plattenfirmen ließen sich in Buenos Aires nieder: Columbia, Pathé, Marconi, Nacional Odéon, Polytón, Gath & Chaves, Era (für die schon Francisco Canaro Aufnahmen gemacht hatte), Edison, Atlanta und andere. Die Gesellschaft Columbia Records nahm Kontakt mit Vicente Greco auf, der sein Orchester, um es von anderen Orchestern zu unterscheiden, die alle Arten von Tänzen wie Schottisch, Mazurka und Paso doble bis hin zur Tarantella spielten, *orquesta típica criolla* nannte.

Die Schaffung des *orquesta típica* stellt in der instrumentalen Entwicklung des Tangos einen Wendepunkt dar. Das *típica* setzte sich bald überall durch, spielte allerdings nur Tango, *milonga* und Walzer. 1922 nahm das *orquesta típica* von Vicente Greco im Studio von Juan B. Tagíni den Tango »Rosendo« des Geigers Genaro Luis Vásquez auf, der zu Ehren des Pianisten Rosendo Mendizábal komponiert worden war. Unter den Musikern sind zu nennen: Francisco de Caro an der Geige, der bald sein eigenes Orchester mit Mochila Gonzales am Bandoneon gründete, Rafael Rinaldi ebenfalls an der Geige und Samuel Castriota am Klavier. Er war der zukünftige Komponist des Tangos »Lita«, der, mit einem Text des Dichters Pascual Contursi, zu »Mi noche triste« wurde. Das Klavier gliederte sich als führendes Instrument in die Orchester ein.

Das *orquesta típica* festigte sich und fand seine endgültige Form auf der Grundlage von Klavier, Geigen und Bandoneon. Vicente Greco führte eine zweite Geige und ein zweites Bandoneon ein, und Roberto Firpo erhöhte die Zahl der Geigen auf vier. Ein Schlagzeug kam ebenso hinzu wie ein Kontrabaß. Innerhalb der Orchester wurde differenziert zwischen Begleitinstrumenten, nämlich Gitarre, Bandoneon und Kontrabaß, und Melodieinstrumenten, nämlich Geige und Querflöte, wobei letztere allmählich verschwand. In den vierziger Jahren wurde das Bandoneon zunehmend zum Melodie- und Soloinstrument.

Francisco Canaro »Pirincho« erhöhte die Zahl seiner Orchestermusiker auf acht: drei Bandoneons, drei Geigen, ein Klavier und ein Kontrabaß, gespielt von »Negro« Leopoldo Thompson, der *canyengue*-Effekte wie zum Beispiel das Schlagen des Kontrabasses mit dem Bogen und der Hand einführte. Der Tango entwickelte eine neue Ästhetik, erweiterte seine musikalischen Möglichkeiten und sein Repertoire und zog viele Musiker aus anderen Musikrichtungen an.

Aufgrund des Verkaufserfolgs der Schallplatten gründeten immer mehr Musiker ihre eigenen *orquestas típicas*, so zum Beispiel der Bandoneonist Genaro Espósito oder auch Juan Maglio »Pacho«, der damals schon Soli auf dem Bandoneon spielte.

Die Besetzung des *sexteto típico* setzte sich durch: zwei Bandoneons, zwei Geigen, Klavier und Kontrabaß. Dieses Orchesterformat sollte sich am längsten halten.

Bis zu diesem Zeitpunkt war der Tango relativ einheitlich. Er war eine Musik der Cafés und der *casas de baile*, und die Musiker wechselten zwischen den Orchestern hin und her. Mit dem *orquesta típica* entstanden verschiedene Kompositionsstile und unterschiedliche Orchesterbesetzungen. Zu den wichtigsten Komponisten zählen Bassi, Spátola, Greco, Firpo, Bardi, Martínez, Castriota, Canaro, Pacho, Delfino, Cobián.

Mit Canaro und Firpo bildeten sich zwei Tendenzen heraus, die gewöhnlich die »traditionalistische« und die »fortschrittliche« Richtung genannt werden.

Francisco Canaros Stil ist stark vom 4/4-Takt geprägt, seine Musik dient dem Tanz, und die Melodien werden kaum phrasiert. Diese »traditionalistische« Linie findet bis in die fünfziger Jahre, ja sogar bis heute Anhänger.

Roberto Firpo ging genau in die andere Richtung, er steht für die »fortschrittliche« Linie des Tangos. Er gab seine Stelle als Pianist im Trio von Genaro Espósito auf (er wurde durch Juan Carlos Cobián ersetzt) und gründete 1913 sein eigenes *cuarteto*, das aus Eduardo Arolas am Bandoneon sowie Tito Roccatagliata und Pedro Festa an den Geigen bestand. Er war auch der erste, der Einspielungen mit Klavier machte. Mit seinem Orchester, das sich aus Klavier, zwei Geigen und einem Bandoneon zusammensetzte, räumte Firpo der Melodie mehr Platz ein, indem er den Streichern und einer fließenden Phrasierung Vorrang gab. Das Klavier hatte eine wichtige rhythmische Rolle inne, und gleichzeitig betonte es die harmonische Fortschreitung und verzierte die Melodie durch Legato-Stakkato-Passagen. Der häufige Pedalgebrauch prägte den Stil des Ensembles. Das Spiel der linken Hand wurde stärker betont, sie schlug nicht mehr nur die Begleitakkorde an, sondern übernahm auch eine rhythmische Funktion. Doch es war vor allem der Einsatz der Dynamik, das Crescendo und Decrescendo über die ganze Spannweite von pianissimo bis forte, der Firpos Beitrag zum Tango charakterisierte.

Von Bedeutung für die Zeit vor der Revolution durch de Caro ist neben Roberto Firpo auch Enrique Delfino. Er reiste 1920 mit Osvaldo Fresedo (Bandoneon) und Tito Roccatagliata (Geige) in die Vereinigten Staaten, wo sie zusammen mit anderen Musikern unter dem Namen Orquesta Típica Select für RCA Victor ungefähr sechzig Tangos aufnahmen.

Firpos und Delfinos musikalische Konzepte nahmen die Revolution durch de Caro vorweg.

6. Kapitel

DER TANGO CANCIÓN

Bis etwa 1910 betrachtete man den Tango nur als Tanzmusik. In dieser Hinsicht hatte das *orquesta típica* nur dem Weg folgen müssen, den die Trios und Quartette zu Beginn des Jahrhunderts eingeschlagen hatten. Als die musikalischen Themen Texte bekamen, waren dies oft fünf-, sieben- oder achtsilbige Verse, die improvisiert wurden, eine Kunst, die die *payadores bonarenses*, wie beispielsweise Villoldo, besonders gut beherrschten. Häufig änderte der Musiker die Texte nach Lust und Laune. Sie handelten vom alltäglichen Leben auf dem Land oder konnten, wenn der Musiker in den *casas de baile* arbeitete, durchaus auch anstößig sein.

In Montevideo, das ebenfalls Millionen von Einwanderern aufgenommen hatte, gab es eine sehr rege musikalische Szene. Gerardo Matos Rodríguez komponierte dort eine der berühmtesten Melodien in der Geschichte des Tangos, »La cumparsita«. 1917 schrieb Pascual Contursi (1888-1932) den Text für den Tango »Lita«, der vier Jahre zuvor von Samuel Castriota (1885-1932) komponiert worden war. »Mi noche triste«, wie Gardel diesen Tango nannte, war der erste *tango canción* in der Geschichte des Tangos. Doch schrieb Contursi den Text zu einer schon existierenden Musik. Erst 1920 komponierte ein Musiker einen Tango zu einem Text: »Milonguita«.

Trotz seiner dreiteiligen Struktur, die den Tangos der Guardia vieja entsprach, ließ »Mi noche triste« in vielerlei Hinsicht die Philosophie und die düstere Atmosphäre der Welt des Tangos ahnen, dessen lebendiger Ausdruck Contursi selbst war: Er wurde am Ende seines Lebens wahnsinnig.

Percanta que me amuraste
En lo mejor de mi vida
Dejándome el alma herida
¡Y espinas en el corazón...!
Sabiendo que te quería
Que vos eras mi alegría
¡Y mi sueño abrazador...!
Para mí ya no hay consuelo
Y por eso me encurdelo
Pa'olvidarme de tu amor.

Mädchen, du hast mich verlassen
In der Blüte meiner Jahre
Hast meine Seele verwundet
Und Dornen in meinem Herzen hinterlassen
Wohl wissend, daß ich dich liebte
Daß du meine Freude warst
Und mein heißer Traum.
Für mich gibt es keinen Trost mehr
Ich werde mich betrinken,
Um deine Liebe zu vergessen.

Mit dem *tango canción* »steigt der Tango von den Füßen in den Kopf«, um Enrique Santos Discépolo zu zitieren, und die Dinge erwachen zum Leben.

Ya no hay en el bulín
Aquellos lindos frasquitos
Adornados con moñitos
Todos de un mismo color
Y el espejo está empañado

Si parece que ha llorado
Por la ausencia de tu amor.

Im Zimmer sind nicht mehr
Die hübschen kleinen Flakons
Mit Schleifchen versehen
Alle von der gleichen Farbe.
Der Spiegel ist beschlagen
Es scheint, als hätte er
Die Abwesenheit deiner Liebe beweint.

Der Text ist gespickt mit zahlreichen mehr oder weniger gelungenen Metaphern, wie sie häufig im Tango vorkommen.

Y la lamparà del cuarto
También tu ausencia ha sentido
Porque su luz no ha querido
Mi noche triste alumbrar.

Und die Lampe des Zimmers
Hat auch deine Abwesenheit gespürt
Denn ihr Licht wollte nicht
Meine traurige Nacht erhellen.

Nach einigem Zögern hat Carlos Gardel dieses Stück 1917 als Solist im Teatro Esmeralda gesungen und wenig später dann im Duett mit seinem Partner José Razzano, er wurde dabei begleitet von seinem Gitarristen »El Negro« José Ricardo. Die Plattenaufnahme, die wenig später gemacht wurde, erreichte eine für diese Zeit beträchtliche Auflage. Das Stück war ein durchschlagender Erfolg. Es wurde noch beliebter, als es in das Repertoire der Theater aufgenommen wurde, wo unter anderem Manolita Poli es sang. Etwas später folgte die Aufnahme von »Flor de fango«, ebenfalls ein Stück von Contursi und auch sehr erfolgreich. Der *tango canción* war geboren.

Doch derjenige Tango, der als der erste echte *tango canción* in die Geschichte eingegangen ist, da er komponiert wurde, um gesungen zu werden, ist »Milonguita« von Enrique Delfino und Samuel Linning (1888-1925), 1920 geschrieben und noch im gleichen Jahr von Gardel gesungen. Danach folgte 1924 »Griseta«, der zu einem Gedicht von José Gonzáles Castillo komponiert und danach *tango romanza* genannt wurde. Der Text enthielt literarische Elemente, die vom nicaraguanischen Dichter Rubén Darío beeinflußt waren, und führte den Topos Paris ein. In den Kompositionen von Delfino war schon enthalten, was später unter dem Begriff »Revolution von Julio de Caro« zusammengefaßt wurde und was in verschiedenen Stücken wie »El motivo« (1916) von Juan Carlos Cobián bereits in Erscheinung getreten war: ein stärker melodisch orientierter Ablauf und eine zunehmende Spannung zwischen der weiterhin einfachen Melodie und der Harmonik, die vermehrt auf Halbtonschritten aufbaute, genau wie das später auch bei Piazzolla der Fall sein sollte.

Der *tango canción* veränderte die Melodie und die Texte des Tangos und führte den vom Orchester begleiteten Solisten ein, eine Auftrittsform, die schon die argentinische Sängerin Lola Membrives zu Beginn des Jahrhunderts praktiziert hatte.

Carlos Gardel

Kein anderer Sänger oder Musiker wurde so stark mit dem Tango identifiziert wie Carlos Gardel. Salas nennt ihn einen »Mythos, mit dem sich der Durchschnittsargentinier identifizieren kann, vom Kleinbürger bis zu den Kindern und Kindeskindern der Einwanderer. Er war erfolgreich trotz seiner dunklen Herkunft.« Im Grunde hatte Gardel, wie Millionen anderer Argentinier, keine richtigen Wurzeln. Dieses Fehlen von Wurzeln wird durch die Abwesenheit des Vaters verstärkt. Gardel lebte für kurze Zeit in Montevideo, was ihm erlaubte, sich als *criollo* auszugeben. Seine geheimnisvolle Herkunft, eine unbestreitbar außergewöhnliche Stimme, sein Leben als Junggeselle mit unzähligen Verlobten, die auch im Erwachsenenalter noch starke Bindung an seine Mutter, sein früher tragischer Tod auf dem Höhepunkt seines Ruhmes, das sind die Bestandteile der Legende und des Mythos Gardel: ein aus dem Nichts aufgetauchter Held, immer jung und verfügbar... »Gardel konnte nur mit dem Tango verheiratet sein.«

Über Gardel ist schon alles gesagt worden. Zum Beispiel, daß er in Toulouse geboren wurde, was von einigen, die ihn lieber als Uruguayer sehen wollen, angezweifelt wird. Oder daß er um 1924/25, nach der Auflösung des Duos mit Razzano, vom *criollo*-Sänger zum Tangosänger wurde (1923 bestand die Hälfte seines Repertoires noch aus *criollo*-Liedern). Dutzende Werke über sein Leben, die alle an Heiligenverehrung grenzen, wurden veröffentlicht. Doch diese Werke über El Francesito, El Morocho, El Zoral, wie Gardel schon früh genannt wurde, betonen vor allem die legendenumwobene Seite seines Lebens und stellen Anekdoten, das Sentimentale und das Geheimnisvolle in den Vordergrund (was von Gardel selbst gefördert wurde, vor allem was sein Privatleben anbelangte). Was die Musik selbst betrifft, so geben die Werke oft nur ungenau Auskunft. Verschwiegen wird auch die Tatsache, daß Gardel ein international gefeierter Star war, bevor er wirklich in Argentinien Anerkennung fand, wo er nicht immer den erhofften Erfolg hatte. Der Mythos Gardel begann erst mit seinem ebenso unerwarteten wie brutalen Tod 1935. Bei seiner Beisetzung versammelten sich ebenso viele Menschen wie bei der von Präsident Hipólito Irigoyen.

Ungeachtet aller überschwenglicher Darstellungen seiner Persönlichkeit ist klar, daß Gardel dem Tango einen neuen Weg gewiesen hat. Was den *tango canción* betrifft, so gibt es eine Zeitrechnung »vor Gardel« und »nach Gardel«. Zusätzlich zu einer volltönenden, immer reinen Stimme, die eher an einen Operntenor oder -bariton als an einen einfachen Sänger denken ließ (Gardel liebte die Oper), verlieh Gardel dem Text größeres Gewicht durch eine bis dahin unbekannte Art der Phrasierung, die von den Sängern, die ihm nachfolgten, bis hin zu Roberto Goyeneche aufgegriffen wurde. Die musikalische Phrasierung des Sängers löste sich von Tanz und Taktmaß, er war freier in der Interpretation. Gardel kam von der Pampa-Tradition, aber er setzte sich durch seine Ästhetik über sie hinweg. Wenn das Spiel seiner Gitarristen heute auch ein bißchen altmodisch klingt, so sind doch seine Interpretationen in musikalischer Hinsicht immer noch interessant und zeitgemäß. Gardel arbeitete viel mit Rubato, mit Antizipation und Verzögerung der Melodie, und schuf so, vor allem ab den dreißiger Jahren, eine anhaltende musikalische Spannung zwischen Gesang und begleitendem Orchester. Um sich davon zu überzeugen, genügt es, sich das 1924 aufgenommene »La garçonnière« oder das berühmte »Volver« von 1934 anzuhören. Die Weiterentwicklung ist ganz deutlich. Die Stimme ist weniger klar, doch die Interpretation gewinnt an Ausdruckskraft und an Musikalität. Es steht außer Frage, daß es eines Gardel mit seinen außergewöhnlichen interpretatorischen Fähigkeiten bedurfte, um den Tango für alle Gesellschaftsschichten akzeptabel zu machen.

Neben Gardel begannen sich auch andere Sänger und Sängerinnen volkstümlicher Musik vermehrt und mit wachsendem Erfolg dem Tango zu widmen: Corsini, Magaldi und vor allem Carlos José Pérez, genannt »Charlo«, der im Schatten von Gardel stand, aber dennoch einer der besten Sänger seiner Generation war.

Die Dichter um Gardel

Außer der Stimme von Gardel begann das Publikum vor allem seine Texte zu schätzen. Sowohl Pascual Contursi als auch Le Pera, den Gardel erst 1932 kennenlernte, waren großartige Texter. Aníbal Troilo rückte Le Pera, was die Qualität der Texte betrifft, in die Nähe von Enrique Discépolo oder Homero Manzi.

Gardel zog Nutzen aus den sehr günstigen Bedingungen, die eine Generation junger Komponisten und Dichter hervorbrachten, welche sich von der *criolla*-Tradition der ländlichen Umgebung löste, mit der sich noch die vorhergehende Generation verbunden gefühlt hatte. In der Zwischenzeit hatte sich die Stadt verändert. Sie war nicht mehr eine Fortsetzung der ländlichen Umgebung, sondern eine abgeschlossene Welt mit sehr deutlich abgestuften sozialen Schichten, deren Wege sich in zahlreichen Vergnügungsstätten, die Teil des städtischen Gefüges waren, kreuzten: auf den Straßen, in den Cafés, Nachtlokalen, Theatern, Bordellen und den *casas de baile*. Die Dichter um Gardel zeigen dieses Leben einer Stadt, mit der man in ewiger Liebe verbunden ist. Im 1934 komponierten »Mi Buenos Aires querido« steckte Le Pera den szenischen Rahmen ab: eine Straße und eine Straßenlaterne (*el farol*), die in der Bildersprache des Tangos häufig vorkommt (auf Filmplakaten, Schallplattenhüllen, Notenausgaben) und deren Licht Liebesschwüre begünstigt:

> El farolito de la calle en que nací
> Fue centinela de mis promesas de amor.
>
> Die Laterne der Straße, in der ich geboren wurde
> Stand Wache bei meinen Liebesschwüren.

Die Stadt ist gleichzeitig Zeugin und Symbol der Liebe.

Der *tango canción*

Bajo su quieta luciceta yo la vi...
Ciudad porteña de mi unico querer.

In ihrem sanften Licht habe ich sie gesehen
Die Hafenstadt meiner einzigen Liebe.

Mit Celedonio Flores fanden die Poesie und das *lunfardo* endgültig Eingang in den Tango. In den achtsilbigen Versen von »Mano a mano« (1918) oder in »Margot« (1919) beschreibt Flores in der Sprache der einfachen Leute die Welt der Mädchen, die um einer besseren sozialen Stellung willen ihre Seele verkaufen. Der Verrat durch die Frau, die grundsätzlich dem *bacán*, dem reichen Mann, folgt, ist ein häufig wiederkehrendes Thema im Tango – der Verrat durch die Frau, jedoch nicht durch die Mutter, deren unvergängliche Liebe in Hunderten von Tangos besungen wird.

Das *lunfardo*

Das Gebiet am Río de la Plata hat eine eigene Musik und einen eigenen Tanz hervorgebracht, aber auch eine eigene Sprache, das *lunfardo*. Seine Ursprünge sind komplex und vielfältig. Etymologisch betrachtet ist *lunfa* »der Dieb«, und *lunfar* bedeutet »stehlen« – zunächst wurde das *lunfardo* von Gefängnisinsassen verwendet, damit Gefängniswärter und Polizei sie nicht verstehen konnten. Aber letztlich entwickelte sich das *lunfardo* aus dem sprachlichen Beitrag der Millionen von Einwanderern im Gebiet um den Río de la Plata, wie Benigno B. Lugones 1879 in zwei Artikeln in *La Nación* erklärte. Das *lunfardo* war ihm zufolge nichts anderes als eine Mischung verschiedener italienischer Dialektwörter, die von Dieben und Gaunern benutzt wurden und die Sprache um viele bildhafte Ausdrükke bereicherten. Diese Subsprache, die nur Substantive,

Adjektive und einige spezielle Ausdrücke besitzt, kann nicht den Status einer Sprache von ganz Buenos Aires für sich beanspruchen. Sie ist nur die Sprache »des heimtükkischen Angriffs und des Dietrichs der Einbrecher«, wie Borges in *El lenguaje de Buenos Aires* schreibt. Er fügt hinzu, daß es nicht nur eine, sondern viele Sprachen gebe, da jeder seine eigene erfinde. Im *lunfardo* mischen sich also mehrere volkstümliche Dialekte: das *cocoliche* der Italiener, der ländliche Dialekt der Gauchos, das Argot der Fleischer und der Diebe und selbst das *vesre* der Gymnasiasten [Sprache, in der die Wortsilben gegeneinander ausgetauscht werden, von *reves*, »umgekehrt«]. Es zirkulierte also eine beträchtliche Zahl italienischer Wörter und solche regionaler Dialekte (zum Beispiel Genuesisch, Venezianisch, Trientinisch) sowie zahlreiche Argot-Begriffe französischen Ursprungs, vermischt mit dem Portugiesischen, dem *germanía* (der Sprache der Diebe in Spanien und auf den Balearen), dem Caló der Zigeuner und, nicht zu vergessen, den Wörtern, die aus den indianischen Sprachen und von den schwarzen Sklaven übernommen worden waren. Daher ist das *lunfardo* nicht die Verkehrssprache des Volkes, sondern eine heterogene Sprache, die manche verstehen können und andere nicht. Und wie bei allen lebenden Sprachen werden neue Wörter erfunden, während andere verschwinden oder ihre Bedeutung ändern.

So kommen aus dem Italienischen *mina*, »das Mädchen«, *farabute*, »der Schurke«, *bacán*, »der reiche Mann« (von *baccano*, »der Schiffsführer«), und *pibe*, »der Junge« (von *pivetto*, wie *bacán* aus dem genuesischen Dialekt); *cafiolo*, »der Zuhälter« kommt vom venezianischen *fiolo*, »kleiner Junge«. Manche Wörter ändern ihre Bedeutung wie *mufa*, »der böse Blick« (vom venezianischen *star muffo*, »melancholisch sein«). Aus der spanischen Umgangssprache findet man *curda*, »Rausch«, aus dem Caló stammen *chamullar*, »schwatzen«, und *chorro*, »der Dieb«. Aus dem Quechua kommt *chuchos*, »erschauern« (von *chúhchu*, »Fieber«, abgeleitet), *choto*, »männliches Geschlecht«, aber auch »alter Idiot« (von *ch'uti*, »geschunden/verrückt«), ebenso *minga*, »Mangel an« (von *minka*, »unbezahlte Arbeit«) oder *cancha*, »Fußballplatz« (von *kancha*, »Vergnügungsort«). Aus dem Französischen stammen viele Begriffe wie *guiñe*, »Pechsträhne«, *chiqué*, »Betrug«, *griseta* (von *grisette parisienne*, der leichtlebigen jungen Pariser Putzmacherin) und *mishé* (von *miché*, »Freier«). Aus dem brasilianischen Portugiesisch stammen *fariñera*, das große Messer der brasilianischen Gauchos, *descangayado*, »kaputt« und *tamango*, »Holzschuh«. Es finden sich auch frei erfundene Wörter mit afrikanischen Anklängen wie *mistongo*, »einfache, unwichtige Dinge«.

Bei den Tangomusikern heißt die Geige *jamón* oder *tarasca*; das Klavier *dientudo*; das Bandoneon *fueye*, *gusano* oder *jaula*; der Gitarrist ist ein *rasca*, *rascatripas* oder *escobero*; der Kontrabaß heißt *vaca*, *chaucho*, *jalisco* oder *ronco*; ein schlechter Sänger ist ein *perro*; ein sehr langes Konzert *una zapada* und so fort.

Es gibt auch eine komplexe Numerologie im *lunfardo*, nach der bestimmte Zahlen als Symbole verwendet werden. So wird die 14 mit der Kneipe assoziiert, die 48 mit dem sprechenden Toten und die 47 mit dem stummen Toten; 69 steht für Frankreich, das Laster und die Sünde.

Das *lunfardo* im Tango

Das *lunfardo* ging in die volkstümliche Dichtung und in die Literatur ein. Evaristo Carriego war einer der ersten, der es für sein Werk nutzte, und Angel Villoldo, der von der ländlichen Tradition der *payadores* kam, benutzte mehr oder weniger die Umgangssprache der Gauchos. Ab den zwanziger Jahren ging das *lunfardo* auch stärker in die Lieder ein und wurde zu einem festen Textbestandteil des *tango canción*. »El alma del suburbio«, ein Auszug aus den *Misas herejes* [Ketzermessen], von Evaristo Carriego enthält nicht weniger als dreißig *lunfardo*-Begriffe, die später auch in die Texte bekannter Tangos aufgenommen wurden. Mit Pascual Contursi, Celedonio Flores, José Gonzáles Castillo, Discépolo und Cadícamo wurde das *lunfardo* endgültig Bestandteil des Tangos.

Rossler zufolge blieben die Tangotexte daher für einen Teil der Bevölkerung unverständlich, und genau das gefiel den Leuten. Eine Art Geheimnis umgab die Texte, beschrieben sie doch eine Welt, die die Mittelschicht nicht kannte.

Im 1926 komponierten »Ciruja« (Lumpensammler) sind drei Viertel der Wörter dem *lunfardo* entlehnt. Dieser Tango greift das klassische Thema von der Geliebten eines Gauners auf, die dessen Geld an ihren Zuhälter weitergibt. Der Lumpensammler, ein *guapo*, regelt die Angelegenheit mit dem Messer und erinnert sich nach Jahren im Gefängnis an seine verflogene Jugend und seine verlorene Liebe:

Recordaba aquellas de garufa
Cuando minga de laburo se pasaba
Meta punga, al codillo escolaseaba
Y en los burros se ligabe un metejón.

Er erinnerte sich an die durchzechten Nächte
Als er keine Arbeit hatte
Als er stahl und Karten spielte
Und beim Pferderennen seine große Liebe traf.

Die Geschichte geht natürlich schlecht aus:

Frente a frente, dando muestras de coraje
Los dos guapos se trenzarón en el Bajo
Y el ciruja, que era listo para el tajo
Al cafiolo le cobró caro su amor.

Auge in Auge, bewiesen die beiden Gauner ihren Mut
Und forderten sich im Hafenviertel heraus
Und der Lumpensammler, bereit, sein Messer einzusetzen
Ließ den Zuhälter teuer für seine Liebe bezahlen.

Das *lunfardo* war so eng mit dem Tango verbunden, daß man einigen Autoren vorwarf, sie ersetzten »Talent durch *lunfardo*«, und den Dichtern, sie spickten ihre Texte mit *lunfardo*-Wörtern, um vom Publikum geliebt zu werden. Fast die einzige Ausnahme war Homero Manzi, der bewies, daß die einheimische Dichtkunst ohne *lunfardo* bestehen konnte.

Während der gesamten Geschichte des Tangos wurden umgangssprachliche Wörter in die Texte integriert. Doch die *lunfardo*-Wörter, die von den Jugendlichen ab den sechziger und siebziger Jahren des 20. Jahrhunderts erfunden wurden, fanden keinen Eingang in den Tango. Abgesehen von einigen wenigen Ausnahmen wurden in dieser Hinsicht die vierziger Jahre nicht überschritten. In der argentinischen Rockmusik hingegen, die bei der gesamten südamerikanischen Jugend sehr beliebt ist, werden die neuen Wörter des *lunfardo* in die Texte integriert.

7. Kapitel

JULIO DE CARO UND DIE GUARDIA NUEVA

1920 hielt der Tango Einzug in die feinen Nachtlokale. Neben dem volkstümlichen Tango, Musik wie Tanz, existierte ein eleganter Tango. Von nun an belebte der Tango die Bälle der bürgerlichen Häuser, die Hotels, die Nachtlokale, die Tanzlokale, die Nationalitätenklubs wie auch die Klubs der ärmeren Stadtviertel, wo man allerdings einen anderen, volkstümlicheren Tango tanzte.

Der Tango hatte sein Territorium erweitert. In jeder Stadt entstanden Dutzende von *orquestas típicas*, die bei Auftritten und Bällen abwechselnd Tango, Jazz und Volksmusik aus Lateinamerika spielten. Außer in Montevideo, wo der Tango sich genauso wie in Buenos Aires entwickelte, wurde er auch in vielen anderen Städten gespielt und getanzt: in Rosario, La Plata, Córdoba, Bahia Blanca und in Mar del Plata, dem Badeort, der vor allem in den Sommermonaten von den *porteños* bevölkert wurde.

Ein Beleg dafür, daß er jetzt auch bei der gesellschaftlichen Elite akzeptiert war, waren die klassischen Komponisten, die gewöhnlich nur auf europäische Musik schworen und die nun *milongas* und Tangos komponierten, wie beispielsweise Juan José Castro oder Carlos López Buchardo, der de Caro zusammen mit dem Geiger Fritz Kreisler besuchte, da dieser begierig darauf war, diese neue Musik zu hören. De Caro wurde im übrigen durch Kreislers häufigen Einsatz des Portamento beeinflußt, wie er auch in seinen Memoiren berichtet. Es entstanden viele Musikverlage, die Tausende von Tangopartituren für Gesang und Klavier veröffentlichten.

Diese Akzeptanz durch die oberen Klassen konnte nur durch eine Entschärfung des volkstümlichen Tangos erreicht werden. So wurden die Tanzfiguren, der Rhythmus, die Melodien und Texte abgewandelt. Jede Anspielung auf die *prostíbulos* war verboten. Die vulgären Ursprünge des Tangos wurden vertuscht. Manche Musiker beklagten sich, der Tango sei zu Kirchenmusik geworden. In diesem Sinn handelte es sich wirklich um eine Revolution. Der Tango veränderte sich in musikalischer Hinsicht. Die neue Ästhetik ließ bereits die der großen Orchester der vierziger Jahre ahnen, der Orchester von Troilo, Pugliese, Salgán und anderen.

In den zwanziger Jahren repräsentierte de Caro diesen vornehmen Tango, der auch den argentinischen Wohlstand unter der Präsidentschaft von Marcelo T. Alvear zwischen 1922 und 1928 widerspiegelt. Ab 1923 arbeitet er mit einer Besetzung, die später *sexteto típico* genannt wurde, mit zwei Bandoneons, zwei Geigen, Klavier und Kontrabaß. Dieses *orquesta típica* wurde zu einem der festen Orchesterformate des Tangos mit de Caros ganz eigener Färbung.

Im musikalischen Bereich brach die Guardia nueva radikal mit der Ästhetik der Guardia vieja. Julio de Caro, der die Anfänge des Tangos erlebt hatte, bestätigt, Ferrer zufolge, daß er »ihm eine angemessene Klangfarbe und Interpretation geben« wollte, »Phrasierungen und eine chromatische Tonleiter über mehrere Oktaven für das Bandoneon, Geigen- und Klaviersoli in jedem Musikstück« und daß er »den Tango verfeinern und dabei trotzdem die Originalität und die Kreativität eines jeden Komponisten respektieren« wollte. Anläßlich des Karnevalsballs, den die Stadtverwaltung 1935 organisierte, brachte de Caro den Tango ins Teatro Colón, den anspruchsvollsten Konzertsaal von Buenos Aires. Er spielte mit einem vierzigköpfigen Orchester eigene Stücke wie »Chiclana« und »El arranque« sowie den Tango »Coquito« von Carlos López Buchardo.

Die Rhythmen sind ruhiger, die Melodien sentimentaler, und es gibt keine oder nur wenige störende Synkopen. Was den Aufbau betrifft, so stellte de Caro seine akademische Ausbildung in den Dienst des Tangos. Er führte einen orchestralen Aufbau mit polyphonem und kontrapunktischem Charakter ein. Von nun an wurde jedes Instrument zu einem vollwertigen Bestandteil des Orchesters und brachte seine Stimme zu Gehör. Geige und Klavier spielten manchmal solo, genau wie die »fueyes cadenaros que tiran por atras« (die Bandoneons, die den Takt verzögern). Das Bandoneon übernahm die Eröffnung und die Verknüpfung der einzelnen musikalischen Sätze. Man führte Schlagzeug und chromatische Soli ein, die dem Jazz entlehnt waren. Die Musik wurde nicht mehr nur als Begleitung des Gesangs, sondern als eigenständige musikalische Komposition betrachtet. Es gilt das Gebot »¡El tango también es música!« [Auch der Tango ist Musik!]. »Flores negras« von Francisco de Caro, einem hervorragenden Komponisten und Pianisten, der sich immer bescheiden im Schatten seines Bruders hielt, war charakteristisch für diese neue Ästhetik der zwanziger Jahre: Sentimentalität in der Melodielinie der Geigen von Julio de Caro und seinem Bruder Emilio; süßliche Verzierungen durch Glissando, *látigo* (Peitschenhieb), Portamento, Vibrato (vom Geiger Fritz Kreisler übernommen), *taco de arco* (das Spielen am Ende des Bogens, wo der Strich am härtesten ist), Pizzicato, nicht nach klassischer Art, sondern indem man die Saite mit dem Fingernagel anschlägt (*rozar con la uña*), um einen Perkussionseffekt zu erhalten, was später *tam-*

bor-Effekt genannt wurde. De Caro ist auch die *chicharra* (Zikade) zu verdanken, ein perkussiver Effekt, der erzeugt wird, indem man die Saiten zwischen dem Steg und dem Saitenhalter streicht. Er wurde schon von Tito Roccatagliata im Orchester von Firpo und in dem *orquesta típica select* von Osvaldo Fresedo angewandt. Später übernahmen ihn alle Musiker bis hin zu Antonio Agri und Fernando Suárez Paz, die Geiger in den Orchestern von Astor Piazzolla. Malio Francia hat diese Effekte, die von den Musikern in de Caros Orchester *roña* (Schmutz) genannt wurden, systematisiert. Dem Bratschisten Guillermo Anad zufolge tauchte zu dieser Zeit auch der *silbado* (pfeifender Gesang) auf. De Caro vereinte all diese einzelnen Elemente und integrierte sie in den Tango.

Doch de Caro steht noch für mehr: Durch ihn wurde das Duo von Klavier und Bandoneon zu einem Standardformat, er etablierte ein für allemal das Zusammenspiel von linker Klavierhand und Kontrabaß und führte die Synkopierung und Betonung des vierten Schlages vor dem leiseren Einsatz des jeweiligen Folgetaktes ein. Vier betonte Schläge als vier halbe Noten, stark perkussiv gespielt, aber auch Sechzehntel, Achtel, Sechzehntel, zwei Achtel: Das ist der Rhythmus des brasilianischen *choro*, der sich auch im Tango häufig findet. Es wurden Variationen für das Bandoneon eingeführt, wie in dem berühmten Stück »Quejas de bandoneón« von Juan de Dios Filiberto, arrangiert von Marcucci, in »Recuerdo« (von Pugliese) oder in »Taconeando« (von Pedro Maffia). Diese *variaciones* wurden später auch von Aníbal Troilo, Leopoldo Federico, Astor Piazzolla benutzt, sie bildeteten einen eigenen »virtuosen Teil, den die Tänzer für bestimmte Figuren nutzten«.

Wenn das Orchester von Julio de Caro eine Vorrangstellung in der Geschichte des Tangos einnimmt, dann liegt das auch an der Persönlichkeit der Musiker, mit denen de Caro spielte. Zunächst wäre da Juan Carlos Cobián, einer der wichtigsten Komponisten dieser Zeit. Er wird zusammen mit Enrique Delfino vor allem als »Erfinder« des *tango romanza* angesehen. Cobián trug mit vielen Neuerungen (darunter nicht zuletzt der Smoking) zum Tango bei. Vermutlich aus diesem Grund lehnten die Verleger seine Tangos als »schlecht komponiert« ab. Cobián entwickelte vor allem die Arpeggios für die linke Klavierhand. Er füllte die Pausen in der Melodie durch volltönende Bässe, wie in seinem berühmten Tango »Griseta«. Er spielte auch in der Entwicklung der Tangoharmonik eine Rolle und bereitete so die Ästhetik de Caros oder Osvaldo Puglieses vor.

Francisco de Caro, der wie andere Pianisten seine Kunstfertigkeit durch das Begleiten von Stummfilmen entwickelte, trat 1924 dem Orchester seines Bruders bei, und bald schlossen sich ihm Luis Petrucelli, Pedro Laurenz, Tito Roccatagliata und Pedro Maffia an, alle großartige Musiker. Viele Musiker aus de Caros Orchester spielten in den folgenden Jahrzehnten eine wichtige Rolle, unter ihnen Aníbal Troilo (Bandoneon), Carlos und Alfredo Marcucci, Ciriano Ortiz (Bandoneon) und Hugo Baralis (Geige).

Viele Musiker komponierten nun Tangos, die zum »Anhören« bestimmt waren: außer Delfino, Cobián, Francisco de Caro und Fresedo auch José Bulterini, Eduardo Pereira, Carlos Geroni Flores, Agesilao Ferrazano, Astor Bolognini und Ciriano Ortiz. Sie alle spielten auch Jazz, Paso doble, Foxtrott sowie Tango-Duos für Klavier und Geige (Kammertango). Sie spielten in *cuartetos de maestros* oder in *quintetos de virtuosos*, die es erlaubten, die besondere Rolle der einzelnen Instrumente hervorzuheben.

Osvaldo Fresedo war eine der Musikerpersönlichkeiten dieser Epoche. Der Bandoneonist gründete mit einundzwanzig Jahren sein eigenes *orquesta típica* aus sechs Musikern. Er war stark vom Jazz beeinflußt und trat mit Dizzy Gillespie auf, als dieser 1956 nach Buenos Aires kam. Er setzte verstärkt Gestaltungsmittel wie Legato und Stakkato ein. Seine Schaffensperiode erstreckte sich über mehrere Jahrzehnte, denn er spielte mit seinem Orchester noch 1968 beim Tango-Festival von La Falda. Fresedo hatte einen besonderen Stil unter den *orquestas típi*cas, denn er setzte eine besonders vielfältige Palette musikalischer Nuancen ein, die ganze Dynamik eines Orchesters, vom Forte bis zum Pianissimo, das von den Tango-Orchestern bis dahin nur selten verwendet wurde.

Dieser architektonische Aufbau ist kennzeichnend für Julio de Caro und einige andere Musiker wie Fresedo. Doch in den Hunderten von *orquestas típicas*, die im ganzen Land entstanden und deren Zahl in den vierziger Jahren noch weiter zunahm, spielten die Musiker weiter *a la parilla*, das heißt, sie improvisierten entweder ganz ohne Notentexte oder auf der Basis von Klavierauszügen. Dies war vorteilhaft für die Musik wie für die Musiker. Die Musik, auf halbem Weg zwischen mündlicher Überlieferung und Notation, behielt ihre Spontaneität. Die Musiker behielten die Freiheit, sich nicht wiederholen zu müssen. Und schließlich verhinderte diese zum Teil improvisierte Musik eine Spaltung zwischen den Musikern, die Noten lesen konnten, und denen, die es nicht konnten, denn die Akkordfolgen waren leicht zu merken.

Ab 1925 drang der Tango in alle Bereiche des Unterhaltungsbetriebes vor: in Revuetheater und komisches Theater (*sainetes*), ins Radio, in den Zirkus und vor allem ins Kino, das mit Entstehen des Tonfilms einen enormen Aufschwung erlebte und die breite Masse zu erobern begann.

Die dreißiger Jahre waren von einem Verfall gekennzeichnet, den auch der Tango zu spüren bekam. Der Radikalismus, politischer Ausdruck des Mittelstandes, der die Macht innehatte, verlor an Boden. In der zweiten Amtszeit von Präsident Irigoyen, 1928-1930, versank das politische Leben in Skandale und Korruption. Die einheimische Oligarchie nutzte das aus und versuchte, wieder die Macht zu übernehmen. Im September 1929 organisierten die Militärs einen Staatsstreich, und General Uriburú erklärte sich zum Präsidenten und läutete damit den *golpismo* ein, eine Aufeinanderfolge von Staatsstreichen, die erst 1983 endete, nach der blutigsten aller Diktaturen, die Argentinien je erlebt hat. Der Börsenkrach an der Wall Street im Oktober 1929, nur einen Monat nach dem Militärputsch, verschärfte die Krise. Die Rohstoffpreise verfielen, was eine Wirtschaftskrise in ganz Lateinamerika auslöste. Firmenpleiten und der Ruin eines Teils der Arbeiterklasse durch das Absinken der Löhne sowie Arbeitslosigkeit waren die Folge. Es begann die Zeit, die *decada infama* genannt wird. Die breiten Massen blieben öffentlichen Orten fern, sie fürchteten die um sich greifende Unterdrückung, die Verhaftungen, Folter und die Ermordung von Oppositionsmitgliedern nach sich zog. Es war die Zeit, in der Enrique Santos Discépolo »Cambalache« komponierte und sagte: »Que el mundo fue y será una porquería, ya lo sé.« [Daß die Welt eine Schweinerei war und sein wird, weiß ich.] Die Gesamtheit dieser Ereignisse, darunter schließlich auch der Tod von Gardel 1935, wirkte sich negativ auf die Kreativität im Tango aus. Nur einige wenige Orchester konnten überleben, dank Musikern, die ihren Orchesterleitern die Treue hielten, aber sie verloren zum Teil den Kontakt mit dem großen Publikum. Unter ihnen war das *orquesta típica* des Geigers Juan D'Arienzo (1900-1976) (mit dem Pianisten Rodolfo Biaggi und dessen typischem Stakkato-Rhythmus), der im Nachtlokal Chanteclair spielte und Ballmusik bevorzugte. Der in den frühen Jahren des Tangos übliche 2/4-Takt wurde wiederaufgenommen, und die Tanzpaare wurden auf der Tanzfläche aufgestellt. D'Arienzo zufolge, der Jazz gespielt hatte, befand sich der Tango in einer Krise, da er den Rhythmus, den Swing, die Nervosität, die Kraft und den Charakter seiner Anfänge verloren hatte. Eine bemerkenswerte Ausnahme bildete zu dieser Zeit das *septeto* von Elvino Vardaro, in dem neben Vardaro (erste Geige) unter anderen Aníbal Troilo (Bandoneon), Hugo Baralis (Geige), José Pascual (Klavier) und Pedro Caracciolo (Kontrabaß) spielten. Man verabschiedete sich von einer bestimmten Ästhetik und suchte nach einer Basis für einen neuen Ansatz. Sicher war das der Grund, warum sich die immer vorsichtigen Plattengesellschaften weigerten, Aufnahmen mit diesem Ensemble zu machen; sie warfen ihm vor, keine tanzbare Musik zu spielen. Die Modernität des Ensembles und die musikalische Konzeption von Elvino Vardaro entgingen Piazzolla jedoch nicht. Er schrieb (im Alter von siebzehn Jahren) aus Mar del Plata, wo er wohnte, einen bewegenden Brief an Vardaro, in dem er ihm seine Bewunderung aussprach. Zum Ausgleich berief ihn Piazzolla dann ab 1955 in seine verschiedenen Orchester.

Die einzige Neuerung in dieser Zeit war die Rückkehr der *milonga* in den Kompositionen von Sebastián Piana. 1932 komponierte er »Milonga sentimental« zu einem Gedicht von Homero Manzi, und 1937 schufen beide gemeinsam eine der schönsten *milongas* überhaupt: »Milonga triste«. Piana schuf auch die *milonga-candombe* mit Texten über die Schwarzen, aber ohne Bezug zur sehr »afrikanischen« *candombe* aus der Mitte des 19. Jahrhunderts. Die zweiteilige Struktur der *milonga* unterscheidet sie von den alten Tangos der Guardia vieja, die alle dreiteilig waren, wie viele volkstümliche Musikformen dieser Zeit.

In den dreißiger Jahren wurde nach und nach das Spielen *a la parilla* aufgegeben, und die Partituren setzten sich durch, was eine Annäherung an die Musik der Konservatorien erlaubte. Klassische Musiker, wie zum Beispiel Alberto Williams, Julián Aguirre und andere, komponierten immer mehr Tangos und *milongas*.

Trotz dieser Erneuerungsversuche stagnierte die Entwicklung des Tangos. Die Orchester spielten, wie es in den zwanziger Jahren üblich gewesen war. Eine Weile lang überlebte der Tango durch schieres Beharrungsvermögen, bis schließlich in den vierziger Jahren die großen Komponisten kamen und Argentinien, das im Krieg neutral bleiben konnte, aufgrund seines Agrarhandels mit den kriegführenden Parteien eine neue Phase des Aufschwungs erlebte. Es war das Goldene Zeitalter des Tangos.

Entrega N°7
1862
Precio 14 Rs
EL RELÁMPAGO
3 Actos del Maestro Barbieri
COROS Y TANGOS
Arreglados para Piano por
R. S. ALLÚ.

F. Fortuny

MI BUENOS AIRES QUERIDO
DE LA PELÍCULA PARAMOUNT
"Cuesta Abajo"
Tango Canción
Letra de
ALFREDO LE PERA
Música de
CARLOS GARDEL
Southern Music Internacional
Suipacha 74 - Buenos Aires
Editada en Septiembre de 1934
$ 0.50

SABADO 18 FEBRERO
0.30 HS.
FINAL
ZINKO
ENTRADA GRATUITA
CARLOS
LUJÁN
LA VOZ DEL TANGO
COLABORE

EL ULTIMO GUAPO
TANGO
LETRA Y MUSICA DE
ENRIQUE D. CADICAMO
1931
G. RICORDI E C.
BUENOS AIRES
MILAN - ROMA - NAPOLES
PALERMO - LEIPZIG - S. PAULO
PARIS: Soc. Anon. des EDITIONS RICORDI
LONDRES: G. RICORDI & Co., (London) Ltd.
NEW YORK: G. RICORDI & Co., Inc.
B.A. 122086
$ 0.20

8. Kapitel

DAS GOLDENE ZEITALTER DES TANGOS

In den vierziger Jahren hatte der Tango seine volle Reife erreicht, musikalisch wie tänzerisch. Er besaß eigene instrumentale Strömungen, eigene Dichter, Sänger, Komponisten. Es fehlten ihm nur günstige Bedingungen, um endgültig die Gunst der Bevölkerung zu gewinnen. Sie sollten bald entstehen. Der Zweite Weltkrieg führte zu einer großen Nachfrage nach Agrarprodukten, wovon Argentinien profitierte, denn es war klugerweise neutral geblieben und erklärte erst im März 1945 unter dem Druck der Vereinigten Staaten den Achsenmächten den Krieg. Es gab eine starke interne Migration, die Mestizen aus den Provinzen im Landesinneren zogen als Arbeiter nach Buenos Aires. Diese Bewegung war vergleichbar mit der, die Ende des 19. Jahrhunderts stattgefunden hatte.

Im Juni 1943 führte eine Gruppe von Offizieren einen Staatsstreich durch. Oberst Juan Domingo Perón, der zu der Gruppe der mit den Nazis sympathisierenden Putschisten gehörte, wurde an die Spitze des Arbeits- und Sozialministeriums gestellt, wo er einige für die Industrie- und Landarbeiter günstige Maßnahmen durchsetzte, wie beispielsweise die Erhöhung der Löhne, die Reduzierung der täglichen Arbeitszeit und bezahlten Urlaub. Die Chefs der Junta fühlten sich durch Peróns wachsende Popularität bedroht. Er wurde verhaftet und auf die Insel Martín García in der Mitte des Río de la Plata gebracht. Der 17. Oktober 1945 war ein bedeutender Tag in der Geschichte Argentiniens. Nach dem Bekanntwerden von Peróns Verhaftung und auf Betreiben seiner Ratgeberin Eva Duarte sowie der Gewerkschaften, über die Perón die Kontrolle hatte, strömten die Bewohner der Arbeiterviertel, die sogenannten *descamisados* [Hemdlose], zu Tausenden Richtung Plaza de Mayo, wobei sie die *bombos*, die großen argentinischen Trommeln der Gauchos, schlugen; sie zogen zur Casa Rosada, dem Regierungspalast, und verlangten die Freilassung ihres Anführers. Die Militärs gaben dem Druck nach und ließen Perón frei, der im Triumphzug in die Hauptstadt zurückkehrte. Bei den Wahlen 1946 erhielt er 56% der Stimmen. Von nun an versuchte Perón, unter dem ideologischen Banner des »Justizialismus« ein staatliches Wirtschaftssystem aufzubauen, das dem Modell Mussolinis, den Perón unverhohlen bewunderte, nachempfunden war.

Mit der Machtergreifung Peróns begann eine neue Ära in der Geschichte Argentiniens und damit auch in der Geschichte des Tangos.

Nach dem politischen Zusammenbruch des Radikalismus, der durch Korruption, Skandale und wiederholte Staatsstreiche geschwächt war, nahmen die unteren Schichten nun erfolgreich Rache. Der Tango war ihr symbolischer Sieg über die Oligarchie. Zudem schuf die korporativ ausgerichtete staatliche Wirtschaftspolitik, indem sie die Arbeiterverbände, Klubs, staatlichen Gewerkschaften und Komitees für Sozial- und Frauenangelegenheiten stärkte, auf die sich Perón stützte, günstige soziale Bedingungen für den Tango und gab dem Tangounterricht neue Impulse. Die Haltung der Kirche, für die der Tango Ausschweifung, Sex und Wollust symbolisierte, wurde dabei außer acht gelassen.

Viele Musiker und Tangoforscher betrachten die Zeitspanne von den vierziger Jahren bis 1955, als der Justizialismus seinen Einfluß ausübte, als das Goldene Zeitalter des Tangos. Hat Perón, der auch heute noch bei den unteren Schichten große Sympathie genießt, den Tango gefördert, wie viele Musiker behaupten? Perón liebte den Tango (der sehr gut in seine populistische Ideologie paßte); er hat ihn zweifellos benutzt, so wie umgekehrt auch er dem Tango nutzte, der sich in den von Perón geförderten Einrichtungen breitmachte. Der Tango wurde wieder zu dem, was er in den zwanziger Jahren gewesen war: ein Massenphänomen, nun jedoch in nie gekanntem Ausmaß. Er war überall, in den Klubs, Salons, Kaffeehäusern, in Filmen und Kinosälen, in den Fußballvereinen. Am Ende der vierziger Jahre gab es nicht weniger als sechshundert Orchester und mehrere tausend Musiker (darunter tausend Bandoneonisten!). Auch der Tango als Tanz profitierte von dieser Begeisterung der Massen. Es wurden neue Tanzsäle eröffnet, die Hunderte von Tänzern aufnehmen konnten, und Tanzflächen, auf denen Tausende Platz hatten. Es wurden immer mehr Tangokurse angeboten. Im Gegenzug verringerte sich die Zahl der Tanzfiguren, und es kam zu Wiederholungen, doch wurde der Tango zugleich auch vielfältiger, und man konnte die einzelnen Stadtviertel von Buenos Aires an ihren unterschiedlichen Tanzfiguren erkennen.

Die *típica* reagierte darauf, indem sie sich an die neuen Gegebenheiten anpaßte. Die vierziger Jahre waren die Blütezeit der großen Orchester, deren Besetzung oft stark erweitert wurde, so daß sich die Geiger und Bandoneonisten in Reihen aufstellten. Viele dieser Musiker mußten in den fünfziger Jahren wieder entlassen werden, als nach dem Sturz Peróns der Tango in Ungnade fiel. Doch zunächst entstanden immer neue Orchester. In den meisten großen Städten wurden *típicas* gegründet, so in Santa Fe, Rosario, Bahia Blanca und Mar del Plata, dem bevorzugten Badeort der *porteños*, wo es in den vierziger Jahren ungefähr vierzig ständige *orquestas típicas* gab. Das gleiche Phänomen war in Uruguay zu beobachten, in der *banda oriental* am Nordufer des Río de la Plata, wo argentinische und uruguayische Orchester existierten, die je nach Bedarf zu beiden Seiten des Flusses spielen konnten, in Hotels, Kaffeehäusern, *cervecerías*, Theatern, Radiostationen, Ballsälen oder auch während der sehr beliebten Karnevalsfeiern im Solis-Theater in Montevideo.

In den vierziger Jahren vertiefte sich die auch heute noch spürbare Kluft zwischen zwei Stilrichtungen, sowohl in Argentinien als auch in anderen Ländern. Die eine, von der Geschichtsschreibung die »traditionalistische« Richtung genannt, folgt dem von Julio de Caro eingeschlagenen Weg, mit einem fast unveränderlichen Repertoire, das hauptsächlich aus klassischen Tangostücken besteht. Zu dieser Richtung zählen die Orchester von Francisco Canaro, D'Arienzo, Biaggi, Juan de Dios Filiberto und das von Carlos di Sarli, das mit ausgeprägtem Marcato spielte (die Geigen werden nahe am Steg und damit relativ hart gestrichen).

Die andere Richtung ist die sogenannte »fortschrittliche«. Sie suchte eine neue Sprache, indem sie die Melodielinie der Sänger und die metaphorische Kraft der Texte hervorhob. Die Geschichte des Tangos wurde nun von einigen außergewöhnlichen Persönlichkeiten fortgeschrieben, von Interpreten, Komponisten und Orchesterchefs, Sängern, Arrangeuren und Dichtern. Zu nennen wäre beispielsweise Alfredo Gobbi (1912-1965), der in Paris geborene Sohn von jenem Alfredo Gobbi, der den Tango Anfang des Jahrhunderts in Paris bekannt gemacht hatte. Er war Zeitungsverkäufer, bevor er Geiger, Pianist, Arrangeur und Orchesterchef wurde. Er gründete ein Orchester, das typisch für die von Julio de Caro verkörperte Richtung war, dabei aber im Stil des *tango milonguero* spielte, eines eher ungeschliffenen, swingenden Tangos, der durch die

Bandoneons geprägt war. Elvino Vardaro, Osvaldo Fresedo, Carlos di Sarli, Miguel Caló, das Duo Francini/Pontier, Aníbal Troilo, Astor Piazzolla, Osvaldo Pugliese und Horacio Salgán entwickelten alle einen eigenen Orchesterstil.

Das Orchester von Miguel Caló, das unter dem Namen Orquesta de las Estrellas auftrat und von Osvaldo Fresedo beeinflußt war, war bekannt für seine guten Musiker. Alle wurden später berühmt, so zum Beispiel Carlos Dante (Gesang), Raúl Kaplún (Geige), Enrique Mario Francini (Geige), Armando Pontier, Eduardo Rovira (Bandoneon) sowie der Pianist Miguel Nijenshon, der zuerst durch Héctor Stamponi ersetzt wurde, dann, Ende der dreißiger Jahre, durch den Pianisten und Arrangeur Osmar Maderna. Das Duo Francini/Pontier erlebte damals seine Blütezeit.

Francini, neben Elvino Vardaro gewiß einer der besten Geiger in der Geschichte des Tangos, läßt die Tangomusik leuchten. Seine Version von »Nostalgias« im Duett mit Héctor Stamponi am Klavier, 1953 bei RCA Victor erschienen und seitdem nicht wiederverlegt, ist ein wahres Meisterwerk.

Osmar Maderna (1918-1951) war einer der wichtigsten Musiker dieser Zeit. Als Klaviervirtuose und Arrangeur mit solider klassischer Ausbildung gründete Maderna 1945 sein eigenes *orquesta típica*. Er führte zahlreiche musikalische Neuerungen ein, was man auch anhand origineller Bearbeitungen feststellen kann, zum Beispiel von »Concierto en la luna«, »Lluvia de estrellas« oder »El marne« von Arolas, »Czardas« oder dem »Hummelflug« von Rimski-Korsakow, letzteres ein 1946 aufgenommenes Stück mit Tangofärbung und konzertanten Partien für Klavier und Bandoneon; auch war man sich nicht zu schade, gelegentlich peruanische Walzer wie »Nube gris« zu spielen. In den klassischen Arrangements wurde sowohl auf die *roña* als auch auf die *chicharra* und die dem Tango eigenen Synkopen verzichtet. Das Orchester spielte nach Madernas tragischem Tod bei einem Flugzeugabsturz

1951 weiter. Kein anderes Orchester ließ seine Ästhetik fortleben, auch wenn seine Musik die Musiker der nächsten Generation wie Atilio Stampone und Osvaldo Berlingieri stark beeinflußte.

Schon eine Generation zuvor hatte der Tango feste Formen erhalten. Die meisten Musiker, die nun auftauchten, hatten ihre Ausbildung in den *típicas* der Epoche de Caros erhalten. Sie waren jung und hatten größtenteils Erfahrung als Orchestermusiker und Musikkenntnisse, die ihre Vorgänger nicht besaßen. Viele waren auch mit anderen Musikrichtungen wie beispielsweise Klassik oder Jazz vertraut und von den Big Bands Nordamerikas, die damals ihre Blütezeit erlebten (Count Basie, Fletcher Anderson und andere) sowie von klassischen Orchestern beeinflußt. Sie waren gleichzeitig auch Arrangeure, Sänger und Dichter. Auch sie sind Teil der »fortschrittlichen« Richtung.

Als prominente Vertreter der »fortschrittlichen« Richtung müssen auch Aníbal Troilo, Osvaldo Pugliese und Horacio Salgán erwähnt werden, von denen letzterer in den sechziger Jahren noch eine sehr wichtige Rolle spielen sollte.

Aníbal Troilo

Im Arbeiterviertel Abasto in Buenos Aires geboren, wo auch Carlos Gardel gelebt hatte, den er ein Leben lang verehrte, war Aníbal Troilo – ebenso wie Gardel – ein Kind der Stadt, wenn nicht gar der Straße. Der Vater, ein Fleischer, starb früh, die Mutter führte einen *kiosco*, in dem sie Zigaretten und Süßigkeiten verkaufte. Das erklärt vielleicht, warum »Pichuco«, wie er schon bald genannt wurde, nie einen großen Unterschied zwischen der Stadt und seinem Zuhause machte. Er fühlte sich überall zu Hause und war in den Cafés, Restaurants und Klubs gern gesehen, wo er beim Spiel das wieder verlor, was er als Musiker einnahm. Den Großteil seiner Tage und vor allem der Nächte verbrachte er in Begleitung zahlreicher Freunde und starker Getränke – es waren immer dieselben.

Aber »Pichuco« war nicht nur ein Bohemien, ein Genußmensch, der in den Tag hinein lebte und dessen Frau sich beklagte, daß er losging, um Mineralwasser zu kaufen, und erst drei Tage später ohne Getränke zurückkehrte. Er war auch ein Mann, der es liebte, zu teilen. Alle Berichte stimmen darin überein, daß »Pichuco« sehr großzügig war, nach den Proben und Konzerten ein offenes Haus führte und bei den Musikern sehr beliebt war. Zu seinen Lebzeiten wurde er angebetet, und bis heute sprechen die Musiker mit großer Zuneigung von ihm. In dieser Welt der Individualisten, in der die Musiker oft miteinander rivalisierten, war Troilo in der Lage, sie sowohl im persönlichen wie auch im musikalischen Bereich zu fördern und weiterzubringen. Noch heute sagt man in Buenos Aires, Piazzolla habe man geschätzt, »Pichuco« aber geliebt. Bei seinem Tod 1975 trug die Welt des Tangos Trauer.

Schon im Alter von elf Jahren begann Troilo in Stummfilmkinos zu spielen. Er hatte sich die musikalischen Neuerungen der Zeit de Caros angeeignet und spielte in *típicas* mit den größten Musikern der Epoche zusammen, so mit Gobbi, Maglio »Pacho«, Elvino Vardaro, Osvaldo Pugliese, Juan Carlos Cobián, Julio de Caro, Ciriano Ortiz. Als er 1937 sein eigenes Orchester gründete, war er gerade dreiundzwanzig Jahre alt. »Pichuco«, wie er nun von allen genannt wurde, besaß eine ungewöhnliche musikalische Persönlichkeit, die er in zahlreiche Orchester einbrachte und ebenso in die Arbeit mit den vielen Musikern und Sängern, die er im Laufe seiner langen Karriere dirigierte.

Seine Entwicklung ging schrittweise vonstatten. Die ersten Aufnahmen für RCA Victor 1941 zeigen einen deutlichen Einfluß von Julio de Caro: Die einzelnen Instrumente des Orchesters sind noch eng miteinander verbunden, es wurde *a la parilla* gespielt, ohne komplizierte Arrangements, mit Soloeinlagen von Troilo am Bandoneon, der im musikalischen Duktus eigene Akzente setzte, und einer rhythmischen Nervosität, die dem Zusammenspiel von O. Goñi am Klavier und Kicho Díaz am Kontrabaß zu verdanken war. Dazu gesellte sich der etwas süßliche Stil des Sängers Fiorentino. Allmählich ging Troilo auf Abstand zu der herkömmlichen Form der *típicas*. In dem Maße, in dem er mit Dichtern zusammenarbeitete, begann sich sein Stil in eine andere Richtung zu entwickeln. Ab 1942 war der Unterschied ganz deutlich, und der eigene Stil von Troilo trat klar zutage: Er war gekennzeichnet durch seinen Respekt und seine Liebe zur Melodie und zur Poesie. Die Sänger sangen die vollständigen Texte statt nur die Refrains – eine Seltenheit bei den von de Caro geprägten Orchestern. Die Texte hätten auch rezitiert statt gesungen werden können, so ausdrucksstark waren sie. Fiorentino sang »Barrio de tango«, »Romance de barrio« und Edmundo Rivero 1948 das sehr berühmte »Sur«. Alle drei sind Kompositionen von Aníbal Troilo zu Texten von Homero Manzi, einem der wichtigsten Dichter seiner Generation und einer Art Alter ego von Troilo. Troilo schrieb auch wunderbare Tangos in Zusammenarbeit mit Dichtern wie José Maria Contursi, Enrique Cadícamo und Cátulo Castillo.

Was die musikalische Seite betraf, so wurden die von Troilo gespielten Stücke immer öfter von Musikern arrangiert, die seiner Musik eine ganz besondere Färbung gaben. Die Einleitung wurde in die Länge gezogen und ließ den Zuhörer in die Atmosphäre des Liedes eintauchen, bevor der eigentliche Gesang begann, und das so sehr, daß man sich fragte, ob es sich nicht um ein Instrumentalstück handelte; jedes Instrument hatte seinen ganz eigenen Charakter und übernahm im Wechsel mit den anderen die Führung, insbesondere das Bandoneon, das immer versuchte, mit dem Sänger zu dialogisieren und zu erraten, wann die nächste Pause kommen würde, um dann einige sorgfältig gewählte Noten einzustreuen. Bei Troilo fanden sich eine Dynamik, eine Vielfalt an Klangfarben und eine Klangfülle, wie sie von den anderen Orchestern nicht erreicht wurden. Troilo, der die Poesie sehr schätzte und selbst mehrere Liedtexte schrieb, hatte immer zum Ziel, die Musik zur Unterstützung des Gesangs zu benutzen. Selbst vor den besten Arrangements machte sein berühmter Radiergummi nicht Halt, wenn sie nicht der Melodie und dem Gesang dienten, wie mir Raúl Garello aus Buenos Aires anvertraute, ein Bandoneonspieler, Orchesterchef und Arrangeur, der mehr als einmal diese Eingriffe hinnehmen mußte. Aber er fügte hinzu, daß »Pichuco« danach immer zu ihm kam, um ihm zu erklären, warum er es getan hatte. Die besten Titel von »Pichuco« sind diejenigen, die er mit dem Sänger Roberto Goyeneche aufgenommen hat, wie »Sur«, »Garua«, »Che bandoneón« oder »La ultima curda«.

Troilo, genau wie später auch Piazzolla, hörte nicht auf, die Zusammenstellung der Instrumente und seinen Stil zu verändern, je nachdem mit welchen Arrangeuren er arbeitete. Es ist wichtig, die von den Arrangeuren geleistete musikalische Arbeit zu erwähnen, so die von Argentino Galván, Astor Piazzolla, Emilio Balcarce, Eduardo Rovira, Armando Pontier, Héctor Stamponi und Raúl Garello. Zudem müssen die historischen Einspielungen im Quartett mit dem Gitarristen Roberto Grela Erwähnung finden, die 1962 veröffentlicht wurden, wahre musikalische Schmuckstücke, die noch in den Pantheon des Tangos aufgenommen werden müssen: »Madame Ivonne«, »Silbando« oder »Nunca tuvo novio«. Und die beiden Stücke »El motivo« und »Volver«, die als Bandoneon-Duett mit Astor Piazzolla (den Troilo »el gato que siempre ponía cosas extrañas« nannte, den »Typ, der immer so komische Sachen macht«), aufgenommen wurden, sind zwei wunderschöne, vollständig überarbeitete Tango-Standards voller Gefühl und harmonischem Erfindungsreichtum, die fast ad libitum zu einem sehr freien 4/4-Takt gespielt werden. Wahre Meisterwerke!

Astor Piazzolla verließ Troilo 1944, um das Orchester zu dirigieren, das den Sänger Fiorentino begleitete. 1946 gründete Piazzolla sein eigenes *orquesta típica* mit talentierten Musikern wie zum Beispiel Roberto di Filippo am Bandoneon (der seine Karriere als Oboist im Orchester des Teatro Colón beenden sollte) und, in dessen Nachfolge am Bandoneon, Leopoldo Federico, oder auch dem Pianisten Atilio Stampone und dem Geiger Hugo Baralis. Piazzolla schrieb für dieses Orchester ebenso schwierige wie bemerkenswerte Arrangements.

Osvaldo Pugliese

Osvaldo Pugliese betrachtete sich als Erben Julio de Caros und vor allem Francisco de Caros. Daher finden sich bei ihm keine grundlegenden musikalischen Neuerungen. Puglieses Bedeutung für die Geschichte des Tangos liegt in seinen Kompositionen und in seiner originellen und unverwechselbaren Art, sein Orchester in *canyenguera*-Manier swingen zu lassen. Typisch für ihn sind jene kurzen Motive, die aus dem Gesamtklang des Orchesters aufsteigen, wie zum Beispiel in »Tinta roja« von Sebastián Piana. Manchmal erinnerte Puglieses Vorgehensweise an Count Basie, der seine Big Band ebenfalls vom Klavier aus führte. Eine seiner ersten Kompositionen, das 1924 geschriebene »Recuerdo«, stellte durch seine Melodielinie und den Dialog zwischen den verschiedenen Instrumenten, besonders Bandoneon und Streichern, einen Einschnitt in der Geschichte des Tangos dar. Doch seine Persönlichkeit als Komponist zeigte Pugliese in den Instrumentaltangos »Negracha«, »La yumba« und »Malandraca«:

Der musikalische Duktus entsteht auf der Basis kurzer solistischer Motive vor dem Hintergrund des orchestralen Gesamtklangs. Die Ästhetik des Orchesters Pugliese entwickelte sich in den fast sechzig Jahren (!) seines Bestehens ganz beträchtlich. Zuerst stand Pugliese dem Stil Julio de Caros sehr nahe, doch nach und nach fand er zu seinem eigenen Stil, vor allem dank hervorragender Solisten wie seinem ersten Bandoneonspieler Osvaldo Ruggero, der die typische Phrasierung des Orchesters prägte, eine ganz eigene Art und Weise, den Kontrapunkt zu setzen und zu oktavieren. Erwähnenswert sind auch Alcides Rossi am Kontrabaß sowie der erste Geiger Enrique Camerano, dessen charakteristisches Spiel etwa in Julio de Caros »Tierra querida« zu hören ist. Typisch für den Stil von Pugliese ist auch »Yumba«, eines seiner längsten Musikstücke.

Die Zurückhaltungen, die Akzentuierungen, die langsamen Stellen und Stimmungswechsel wurden häufiger. In seiner ganzen Vollendung konnte sein Stil bei dem berühmten Konzert im Dezember 1985 bewundert werden. An diesem Tag befanden sich die Musiker ohne Zweifel im Stand der Gnade. Auf die Vehemenz der absolut homogen gespielten Akkorde folgten die besonders schwebend wirkenden Rubati der Streicher. Dieses Konzert war eine Bestätigung für Pugliese, aber auch für den Tango. Beide hielten triumphal Einzug in das anspruchsvolle und vornehme Teatro Colón.

Die Dichter

Die vierziger Jahre sind auch die Ära der Dichter, die nun genauso berühmt wurden wie die Sänger oder Orchesterchefs. Neben Cátulo Castillo, Homero Expósito, José Maria Contursi (dem Sohn von Pascual Contursi) und Enrique Cadícamo waren sicher Enrique Santos Discépolo und Homero Manzi die wichtigsten Dichter in der Geschichte des Tangos.

Enrique Cadícamo (1900-1999) hat fast ein ganzes Jahrhundert des Tangos erlebt. Seine dichterische Welt war die der Vorstädte, der Kneipen und des Hafens mit seinen heruntergekommenen Anlagen. Er beschrieb diese Welt mit einem bemerkenswerten Sinn für das Visuelle, für Metaphern und mit einer quälenden Sehnsucht nach einer Welt, die es nicht mehr gab, er mißtraute der Modernität. »Der Tango von heute ist nicht mehr der der Straße«, beklagte er sich mir gegenüber 1993 in Buenos Aires.

Der *tango canción* war oft das Werk eines Komponisten und eines Autors. Zu den eingespielten Teams gehörten Gardel/Le Pera, Discépolo/Mariano Mores, Manzi/Troilo. Cadícamo bildete mit dem Pianisten und Komponisten Juan Carlos Cobián eines der begnadetsten Duos der Epoche, das die Dichtung in neue Regionen brachte, so in »Nieblas del Riachuelo«, wo das Bild der Schiffswracks sich mit dem der Gestrandeten der Nacht vermischt:

Turbio fundeadero donde van a recalar
Barcos que en el muelle para sempre han de quedar
Sombras que se alargan en la noche del dolor
Náufragos del mundo que han perdido el corazón...

Düsterer Ort der Bestattung, wo Schiffe
Landen, die für immer am Kai bleiben werden
Schatten, die in der Nacht der Schmerzen länger werden
Gestrandete der Welt, die ihr Herz verloren haben...

Und der Refrain:

Nieblas del Riachuelo
Amarrado al recuerdo...

Nebel des Riachuelo
Vertäut an Erinnerungen...

Überragend sind auch »Los mareados« und »Nostalgias«, das von besonderer musikalischer Schönheit ist. Mit einer düsteren, teils chromatischen Abwärtsbewegung in die tiefen Lagen begleitete Cobián am Klavier die folgenden Verse:

Desde mi triste soledad veré caer
Las rosas muertas de mi juventud.

Aus meiner gramvollen Einsamkeit werde ich
Die toten Rosen meiner Jugend fallen sehen.

Discépolos Weltsicht ist von Pessimismus, Einsamkeit und Mystizismus geprägt, was wohl der Tatsache zuzuschreiben ist, daß er schon in der Kindheit seine Eltern verlor. So verkündet Discépolo in »Cambalache«, das er 1935 schrieb, in einer Zeit, die keinen Anlaß zu Optimismus gab, daß es egal sei, »ob man aufrichtig oder hinterhältig, unwissend oder wissend, ehrlich oder diebisch« sei.

In »Uno« (1943) teilt uns Discépolo seine Vision der Liebe mit:

Uno va arrastrándose entre espinas
Y en su afán de dar su amor
Sufre y se destroza, hasta entender
Que uno se ha quedado sin corazón.

Mancher schleppt sich über Dornen
Und in seinem Eifer, seine Liebe zu geben
Leidet er und quält sich, bis er begreift
Daß sein Herz auf der Strecke geblieben ist.

Die Liebe ist eine Illusion und ohne Hoffnung:

Uno está tan solo en su dolor
Uno está tan ciego en su penar.

Man ist so einsam in seinem Schmerz
Und so blind in seinem Leid.

Homero Manzi war vielleicht die faszinierendste Persönlichkeit dieser Epoche. Der Sohn armer italienischer Einwanderer aus dem Arbeiterviertel Boedo war Mitglied der Radikalen Partei und unterstützte deren Kampf gegen das Militär und die allmächtige Oligarchie. Seine poetische Welt ist nicht mehr die der Bordelle, sondern die des Vorstadtbewohners, der hin- und hergerissen ist zwischen seinen Träumen, der Macht des Alltäglichen und der Sehnsucht nach den alten Vierteln, die nach und nach aus dem Stadtbild verschwinden. So stellt er im 1942 geschriebenen und vom Sänger Fiorentino und von Troilo aufgenommenen »Barrio de tango« das Viertel Nueva Pompeya mit Hilfe blumiger Metaphern dar.

Un pedazo de barrio, allá en Pompeya
Durmiéndose al costado del terraplén...
Y el misterio de adíos que siembra el tren.

Ein Eckchen des Viertels, dort in Pompeya,
Liegt neben dem Bahndamm im Schlaf...
Das Geheimnis des Abschieds, vom Zug gesät.

Diese Welt findet sich auch im unvergleichlichen »Malena« (1941) und vor allem in »Sur«, das Manzi 1948 schrieb, ebenfalls zu einer Musik von Troilo. Das Stück wurde zuerst von der Sängerin Nelly Omar gesungen, dann von Edmundo Rivero, einem der großen Sänger Troilos, eine echte Hymne an die Stadt, die er metaphorisch als Frau darstellt:

Pompeya y más allá la inundación
Tu melena de novia en el recuerdo.

Pompeya, an deine geliebte Haarpracht
Jenseits der Überschwemmung erinnere ich mich.

Manzis Texte sind immer von höchster Qualität, doch seine schönsten Verse hat er zu Stücken von Aníbal Troilo geschrieben, mit dem ihn eine tiefe Freundschaft verband, die erst mit Manzis Tod 1951 endete.

Das Ende des Goldenen Zeitalters

Die für den Tango günstige politische Lage hielt ungefähr so lang an wie der wirtschaftliche Wohlstand. Mit dem Wiederaufbau Europas gingen die Exporte zurück, und dadurch erhöhten sich das Handelsdefizit und die Inflationsrate. Ab 1949 wurden die sozialen Leistungen gekürzt, und die Regierung ergriff härtere Maßnahmen. An den Universitäten herrschte Repression, und die Zensur wurde eingeführt. Schon vor 1946 wurde das *lunfardo* unter dem Einfluß der Kirche und des Kardinals Franceschi aus den Radiosendern verbannt, obwohl diesen auferlegt wurde, daß die Hälfte der Sendungen argentinischer Musik gewidmet werden müsse. Man änderte den politischen Inhalt der Texte sowie einige Tangotitel. Die Regierung machte sich lächerlich, ein gefundenes Fressen für die Kritiker, doch die Zensur ging weiter. Im gleichen Jahr wurde ein nationaler Tag des Tangos geschaffen (der 17. Oktober, der Jahrestag des Marsches der *descamisados* auf die Plaza de Mayo), und Pedro Maffia übernahm die Bandoneonklasse des städtischen Konservatoriums Manuel de Falla.

Doch in den fünfziger Jahren wurde die Kluft zwischen Regierung und Intellektuellen immer tiefer. Die anti-peronistische Presse verschwand allmählich, die Mitglieder der Opposition wurden ausgeschaltet und zwei Drittel der Lehrer ersetzt. Die Opposition der Kirche, deren Machtbefugnisse und Besitztümer Perón beschnitten hatte, und die Unterzeichnung eines Vertrags mit der Standard Oil, der dem nordamerikanischen Großkonzern freie Hand ließ, bedeutete das Aus für das Regime. Das justizialistische System hatte ausgedient. In Buenos Aires bombardierte die Luftwaffe die Plaza de Mayo und tötete dabei mehrere hundert Personen. Perón war gezwungen zu fliehen, zuerst nach Paraguay, dann nach Spanien. Als 1955 die peronistischen Institutionen zusammenbrachen, verschwanden mit ihnen auch zahlreiche Orte für Tangoveranstaltungen. Die Oligarchie und die Militärs, die die Macht übernommen hatten, lehnten alles ab, was Bezug zum Peronismus hatte, daher auch den Tango, der eng mit ihm verbunden war. Die Arbeiterklasse hatte die Partie verloren und mußte nun den Preis dafür bezahlen. Die Militärs verboten große öffentliche Veranstaltungen. Nach und nach verschwand der Tango als Massenphänomen und zwang so die Musik und den Tanz zu tiefgreifenden Veränderungen. Eine neue Epoche begann.

9. Kapitel

DIE AUFLÖSUNG DER GROSSEN ORCHESTER

Ende der fünfziger Jahre arbeiteten der wachsende kulturelle Einfluß der Vereinigten Staaten und die moderne Musik gegen den Tango. Neue Kommunikationsmittel fanden Verbreitung und brachten fremde Musik ins Land, den Rock'n'Roll und später die Beatles. Die argentinische Jugend identifizierte sich mit den rebellischen Musikern, denn im Tango der Eltern fand sie sich nicht wieder. Der Rock und die *música folklórica* aus dem Landesinnern, die beide ein neues Lebensgefühl vermittelten, kamen fast gleichzeitig nach Buenos Aires. Die Konkurrenz durch die neuen Musikrichtungen machte sich auch bei den Jazzorchestern in den USA bemerkbar, die zum Teil ihre Besetzung verkleinern mußten.

Der Tango überstand diese Zeit nur mit Schwierigkeiten. Manche Cafés mußten schließen und ihre festangestellten Orchester entlassen. In den sechziger Jahren brachen die großen Orchester auseinander oder verschwanden ganz, wie beispielsweise die Orchester von Canaro und D'Arienzo. Zahlreiche Musiker wurden arbeitslos, viele Bandoneons landeten beim Pfandleiher. Manche *típicas* verschwanden mitsamt ihren Leitern, so wie im Falle von di Sarli.

Von mehreren hundert Orchestern am Ende der vierziger Jahre blieben nur einige Dutzend übrig. Die *orquestas típicas*, die von Tanzveranstaltungen gelebt hatten, fanden nur ein dürftiges Auskommen. Die großen Namen hielten sich trotz allem, aber nur, indem sie sich anpaßten und die Zahl der Orchestermusiker reduzierten, so wie es Gobbi, Troilo, Pugliese, Salgán, Osvaldo Fresedo, Lucio Demare oder Osvaldo Manzi taten. Im allgemeinen betrachtet man diese Zeit als Übergangsphase von einem »Tanztango« zu einem reinen »Musiktango«. Ersterer blieb auf ein ärmliches Umfeld begrenzt, und selbst dort zog man es nun vor, den Sängern zuzuhören. »Die *milonga* als Tanz wird zu einem Museumsstück«, beklagten sich die Musiker. Paradoxerweise erhielt die Musik jedoch einen unerwarteten Aufschwung. Nach der ersten Verunsicherung organisierten sich die Musiker neu und paßten sich an. Die Reduzierung der Orchester auf drei oder vier Musiker regte jeden einzelnen dazu an, mehr aus sich herauszugehen und eher solistisch zu denken. Der Tango war gezwungen, sich zu verändern.

Wenn der Tanz auch seine Kraft verloren hatte, so ging die Musik doch gestärkt aus dieser Situation hervor. Die *conjuntos*, kleine Gruppen, Trios, Quartette, Quintette, Gruppen mit bis zu neun Musikern, entstanden. Unter dem Einfluß des Modern Jazz Quartet und der Rolle, die dort John Lewis' Klavierspiel einnahm, bewegten sich die Musiker hin zu einer musikalischen Struktur, wo jeder eine Sequenz frei improvisieren konnte. Ab 1958 formierte Argentino Galván, einer der besten Arrangeure von Aníbal Troilo, das Ensemble Los Astros del Tango, wo er einige Solisten ersten Ranges zusammenbrachte, so die Geiger Elvino Vardaro und Enrique Francini, José Bragato und Julio Amuhada am Bandoneon.

Horacio Salgán

Der Pianist, Komponist und Arrangeur Horacio Salgán ist beispielhaft für diese Epoche. Salgán formierte sein Orchester in den vierziger Jahren, löste es wieder auf und stellte es 1950, in der Zeit, als er Platten aufzunehmen begann, wieder zusammen. Er löste sich nicht wirklich von der Tradition, doch er führte viele rhythmische und harmonische Elemente in seine Arrangements wie in seine Kompositionen ein. Ein typisches Element seines Stils ist die Synkopierung der Melodie, wie sie in »Sentimental y canyengue« von Leopoldo Federico zu hören ist. Kompositionen wie »Don Agustín Bardi« und vor allem sein bekanntes Stück »A fuego lento« zeigen, wie stark die Einflüsse des Jazz seinen Stil geprägt haben. 1960, in der Zeit also, in der die kleineren Orchester aufkamen, gründete er das Quinteto Real mit Ubaldo de Lío, Enrique Mario Francini, Pedro Laurenz und Rafael Ferro.

Salgán spielte das Klavier, das führende Instrument des Orchesters, mit einer Phrasierung, die sich stark von der des *orquesta típica* der Epoche unterschied, viel »schwärzer« war, ein Stil, den man *canyengue-milonguero* nannte. Das Stück »Grillito« setzt mit einem kurzen Intro für Klavier und Schlagzeug ein, wobei letzteres die drei ersten Schläge off-beat spielt und den letzten Schlag betont. Der Salgánsche Rhythmus erzeugt einen Effekt, den er selbst »umpa-umpa« nannte. Diese rhythmische Energie förderte häufige Tempo- und Stimmungswechsel. Kurz gesagt, es war ein orchestraler Klangreichtum, der für diese Zeit avantgardistisch war. Der Einfluß des Jazz ist noch offensichtlicher in Salgáns Duo mit Ubaldo de Lío, der eine elektrisch verstärkte Gitarre spielte, beispielsweise auf jenem 1980 bei Philips erschienenen Album, auf dem die beiden von einem Kontrabassisten begleitet werden. Die modernen Elemente lassen die Neuerer der achtziger Jahre erahnen. »El entrerriano«, das zum Repertoire der

Guardia vieja gehört, wurde mit Jazzharmonien versehen, die diesem alten Standard neues Leben einhauchen. »Fuimos«, das berühmte Stück von J. Dames zu einem Text von Manzi, erscheint hier in einer filigranen, vom Klavier fast solo gespielten Version, die an das Spiel von Solisten wie Art Tatum, Bill Evans oder Tom Jobin aus Brasilien erinnert. Salgán, der Musiker mit dem wohl höchsten Dienstalter in der Geschichte des Tangos, entwickelt seinen Stil seit sechzig Jahren ständig weiter. Seine Arrangements für die Sänger Edmundo Rivero und Roberto Goyeneche zeugen ebenso von Modernität wie seine Kompositionen, die allerdings gemessen an seiner langen Karriere nicht sehr zahlreich sind. Das Ensemble Nuevo Quinteto Real, in dem vollendete Musiker wie Néstor Marconi und Antonio Agri spielten, trug den Tango in die ganze Welt.

In Montevideo litt der Tango weniger unter der schwierigen politischen Situation. Die Veranstaltungsorte, wo Tango gespielt wurde, hatten weiter großen Zulauf. 1954 gründete der uruguayische Dichter Horacio Ferrer, später Texter für Piazzolla, den Klub der Guardia vieja, der sich stetig weiterentwickelte.

In dieser Zeit entstanden viele innovative *conjuntos*, die sehr gute Musik spielten. Leopoldo Federico ist einer der Musiker, die sich von der Nachkriegsmusik lösten. Als Bandoneonspieler wie als Orchesterleiter eine starke Persönlichkeit, übernahm Federico Elemente des Stils von Salgán, di Sarli und Piazzolla und machte zusammen mit dem Sänger Julio Sosa, der mit ihm berühmt wurde, exzellente Musik. Im Spiel Federicos, der einen brillanten, von Energie, Temperament und Virtuosität gekennzeichneten Stil hatte, waren Ausdruck und Ausschmückung von großer Bedeutung, wie in Salgáns Stück »Agustín Bardi« zu hören ist, aber auch 1968 im Trío Contemporaneo mit Osvaldo Berlingieri (Klavier) und Cabarcos (Kontrabaß) oder im Cuarteto San Telmo, das er zusammen mit Roberto Grela gründete.

Eduardo Rovira, obwohl weniger bekannt, war ebenfalls ein innovativer Musiker mit ungewöhnlichen Ensembles. Unter dem Einfluß Piazzollas und seines Octeto de Buenos Aires gründete er 1960 zusammen mit dem Pianisten Osvaldo Manzi die Agrupación de Tango Moderno, 1965 ein Trio und 1974 ein Quartett. Er komponierte mehr als 150 Tangos und Kammermusikstücke.

1968 taten sich aus Mangel an Arbeit sechs Musiker und der Sänger des Orchesters von Pugliese, Jorge Maciel, zum Sexteto Tango zusammen. Osvaldo Ruggero und Victor Llavallén (*bando*), Oscar Herrero und Emilio Balcarce (Geigen), Alcides Rossi (Kontrabaß) und Julian Plaza (Klavier) entwickelten eine Ästhetik, die stark von Plaza geprägt war.

Astor Piazzolla formierte 1955 sein in mehr als einer Hinsicht innovatives Octeto de Buenos Aires, dann 1971 das Conjunto Nueve mit außergewöhnlichen Musikern wie Antonio Agri, Manzi, José Bragato und Oscar López Ruiz.

Ab 1973 begann das Sexteto Mayor unter der Leitung von Musikern wie Luis Stazo und José Libertella, Armando Cupo, Reynaldo Bichella, Fernando Suárez Paz und Omar Multa seine hervorragende Musik zu machen – besonders bemerkenswert sind die ersten beiden Schallplatten.

Durch die Verkleinerung der Musikerzahl der großen Orchester lebte das Interesse an der Guardia vieja wieder auf. Kleine Ensembles mit Querflöte und Oboe entstanden, wie zum Beispiel die Gruppen Para que Bailen los Muchachos, Los Tubatangos, Los Muchachos de Antes, die neue, aber im Vorkriegsstil gehaltene Arrangements spielten.

Es blieben auch einige *típicas* bestehen, die allerdings oft an weniger angesehenen Veranstaltungsorten als früher spielten: die Orchester von Basso, Pugliese, Alfredo de Angelis, Florindo Sassane, Fulvio Salamanca und Varela, die in Cafés spielten, von denen einige letzten Endes schließen mußten. Andere herausragende Musiker dieser Zeit sind Osvaldo Tarantino, Osvaldo Piro, Omar Murtagh, Arturo Penón, José Libertella, Osvaldo Montes, Enrique Mario Francini und Armando Pontier, der Pianist Atilio Stampone, der Pianist, Komponist und Arrangeur Héctor Stamponi sowie Mariano Mores – alles Musiker ersten Ranges, die diese Epoche als Blütezeit eines instrumentalen Tangos erscheinen lassen, der sich, auch wenn er nicht mehr die Zustimmung der breiten Masse findet, von seiner besten Seite zeigt.

Die *tanguerías*

In Buenos Aires mußte eine ganze Reihe alter Cafés und Nachtlokale schließen. Im Gegenzug entstanden die *tanguerías*. Zuerst 1960 das Cambalache, zum Gedenken an Discépolo, dann das Jamaica, La Noche in der Calle Tucumán, wo 1963 Piazzolla mit seinem *quinteto* auftrat, das Caña 14, das Gotán in der Nähe der Avenida Corrientes, La Botica del Angel, nahe der Plaza Constitución. Andere *tanguerías* eröffneten in San Telmo, wo man die geschichtliche und künstlerische Bedeutung der luxuriösen Häuser zu erkennen begann, die Anfang des Jahrhunderts von der »Hafen-Bourgeoisie« erbaut worden waren und die nun halb verfallen waren. Ende der sechziger Jahre eröffneten die Unión Bar, das Mano a Mano und vor allem El Viejo Almacén, wo einer der Geschäftsführer der Sänger Edmundo Rivero war. Dann gab es das Michelángelo und das Malena al Sur, beide in der Calle Balcarce gelegen, nicht weit von der Plaza Dorrego, wo man heute jeden Sonntag zwischen Antiquitätenhändlern und Touristen Tango tanzt, und schließlich La Maison Dorée in der Avenida Corrientes. Ungeachtet aller Widrigkeiten haben sich das Caño 14 und El Viejo Almacén, das erst vor kurzem schließen mußte, als die wichtigsten Tangostätten dieser Epoche behauptet. Sie wurden hauptsächlich von reichen Leuten und Touristen besucht.

Diese Veranstaltungsorte spielten eine wichtige Rolle für den Fortbestand des Tangos, denn sie boten den Orchestern eine Existenzgrundlage und ermöglichten es ihnen, sich unter Künstlern, Intellektuellen, Journalisten und einigen jungen Leuten, die über diese experimentierfreudigen Musiker zum Tango zurückfanden, ein Publikum zu schaffen. Tatsächlich spielten in diesen Lokalen die bekanntesten Musiker: Salgán/de Lío, Osvaldo Tarantino, Dino Saluzzi, Atilio Stampone, Edmundo Rivero und Osvaldo Manzi, Ernesto Baffa/Berlingieri, Leopoldo Federico/Roberto Grela, Eduardo Rovira, das Quinteto Real und das Quinteto Tango Nuevo von Piazzolla. Es traten auch einige Tänzer auf, wie Juan Carlos Copes und María Nieves Rego, sowie einige junge Musiker, die gerade erst begannen, sich einen Namen zu machen, wie die Sängerin Susana Rinaldi oder aber Rodolfo Mederos, Amelita Baltar und Osvaldo Piro. Unter diesen Erneuerern war Astor Piazzolla unbestreitbar die Galionsfigur.

10. Kapitel

PIAZZOLLA UND DIE AVANTGARDE

Piazzolla brachte die geordnete Welt des Tangos durcheinander. Die Unterteilung der Tango-Orchester in eine traditionelle und eine fortschrittliche Richtung verlor vor dem Hintergrund dieser neuen, durch die *conjuntos* der fünfziger Jahre entstandenen Ästhetik ihre Bedeutung. Der Bruch bahnte sich schon bei Salgán und Rovira an, aber Piazzolla besiegelte ihn. Zweifellos ist das darauf zurückzuführen, daß er einen Großteil seines Lebens im Ausland verbracht und dort entscheidende Impulse erhalten hatte.

Piazzolla wurde 1921 in Mar del Plata geboren und emigrierte im Alter von nicht ganz fünf Jahren mit seiner Familie nach New York, wo er elf Jahre blieb. New York war für ihn die Straße, der *melting pot* von Greenwich – damals ein armes und schmutziges Viertel –, ethnische Rivalitäten, der arbeitslose Vater, die Traurigkeit der Mutter. »Die Armen von damals waren wie Katzen«, erzählte er später. »Greenwich war mein Viertel. Dort habe ich meine ersten Kämpfe ausgefochten. Ich bin groß geworden, indem ich mich geprügelt und mich verteidigt habe ... Ich mache das heute noch ... Ich erinnere mich noch an die Wut, die die Traurigkeit meiner Mutter in mir auslöste, an die Hoffnungslosigkeit meines arbeitslosen Vaters, an die

Kälte zu Hause im Winter ... All das und dazu die Gewalt steckt in meiner Musik.« Aber New York, das ist auch die Begegnung mit Gardel 1934 im Film *El Día que me Quieras*, die Freunde, der Jazz und die Entdeckung von Johann Sebastian Bach über Bela Wilda, einen ungarischen Schüler von Rachmaninow. »Ich wollte nicht nach Argentinien zurückkehren. Mir bedeutete Argentinien nichts, schon gar nicht im Alter von sechzehn Jahren. Ich sprach englisch und nur sehr schlecht spanisch.« Doch in Mar del Plata hörte er dann im Radio das Sextett von Elvino Vardaro und entdeckte – wie sein Vater – seine Leidenschaft für den Tango. Von nun an war er unablässig damit beschäftigt, sich die Musik anzueignen und alte Arrangements zu bearbeiten, was er bald ausgezeichnet konnte. Nach seiner Ankunft in Buenos Aires hörte er sich alles an, was er bekommen konnte, und absorbierte es schnell. 1939 engagierte ihn Troilo für sein Orchester als Bandoneonist. Piazzolla schlug ihm einige Arrangements vor, die für die Musiker ungewohnt waren. Troilo akzeptierte zunächst einige, machte dann aber einen Rückzieher. Piazzolla nutzte die Gelegenheit, verabschiedete sich und übernahm die Leitung des Orchesters, in dem Fiorentino sang. Gleichzeitig begann Piazzolla, bei verschiedenen Musikern Komposition zu studieren, darunter auch Alberto Ginastera, einer der ersten, der die zeitgenössische Musik in Argentinien bekannt machte. Piazzolla nutzte seine neu erworbenen Kenntnisse, um neue Arrangements zu schreiben. Die Antwort aus der Welt des Tangos ließ nicht auf sich warten. Die Kritiken waren vernichtend. Es wurde von Häresie gesprochen, von einer Herabsetzung des Tangos, von Verrat am geliebten »Pichuco«. Piazzolla, der Herausforderungen liebte, ließ sich nicht beeindrucken. In den vierziger Jahren schuf er bereits Werke mit klassischem Charakter, aber auch genuine Tangos: »Se fue sin decirme adíos«, »Llanto negro«, »El desbande«, »Villeguita«, »Se armó«. 1950 komponierte Piazzolla »Para lucirse«, ein musikalisches Meisterwerk. Die kurzen melodischen Einheiten nach Art Puglieses werden bei jeder Wiederaufnahme anders harmonisiert. Doch damals, so erzählt Piazzollas Tochter, war nur ein Freund Piazzollas bereit, dieses Stück aufzunehmen. Kurze Motive, aber mit ungewöhnlichen Harmonien, diese musikalische Logik findet man auch in anderen Stücken wie »Prepárense«, »Contrebajeando« (1951), »Fugitiva« (1952), »Contratiempo«, »Triunfal« und in dem wunderbaren »Lo que vendrá« (1954).

Die Situation spitzte sich zu, als Piazzolla 1953 mit seiner »Sinfonía Buenos Aires« einen Kompositionswettbewerb in den Vereinigten Staaten gewann: Das Werk sollte in der Juristischen Fakultät von Buenos Aires gespielt werden. Die Musiker betraten die Bühne, sie trugen Trommeln, Bandoneons und die berühmte *lija* unterm Arm, und Piazzolla verlas vor dem Konzert eine Erklärung, in der er kundtat, daß seine Musik nichts mit »dem absurden sinfonischen Tango« zu tun habe. Das brachte einige Leute im Publikum zur Weißglut, und sie schlugen Krawall. Es kam zu Prügeleien, Regenschirme flogen durch den Saal, und die Polizei mußte eingreifen. Diana Piazzolla, die von diesem Ereignis berichtete, fügte hinzu, daß der Orchesterleiter, der aus den USA kam, Piazzolla trotz des allgemeinen Chaos herzlich beglückwünschte und ihm erklärte, daß er sich glücklich schätzen könne, denn das gleiche habe Ravel mit seinem »Bolero« erlebt und Strawinsky mit »Le Sacre du printemps«. Diese Ermutigung durch einen erfahrenen Musiker verhinderte jedoch nicht, daß sich vor Piazzolla viele Türen schlossen: Radiostationen, Studios, Presse, niemand wollte seine Musik spielen oder auch nur darüber berichten.

Nach der Prämierung eines Stückes mit klassischem Charakter erhielt er ein Stipendium der französischen Regierung und fuhr nach Paris, um bei Nadia Boulanger, Professorin, Pianistin und Komponistin, zu studieren. Seine Begegnung mit der außergewöhnlichen Pädagogin ist schon häufig beschrieben worden. Piazzolla, der klassischer Musiker werden wollte, präsentierte ihr seine *sinfonietta*, bei der sie jedoch die Seele vermißte. Es dauerte mehrere Monate und bedurfte der Hartnäckigkeit seiner Lehrerin, bevor er zugab, daß er Tango spielte. Nachdem sie »Triunfal« gehört hatte, sagte sie, das sei der wahre Piazzolla und das dürfe er nie vergessen. Für Piazzolla begann nun eine intensive Schaffensperiode, aus der die Pariser Tangos hervorgingen, die mit Martial Solal am Klavier und Musikern der Pariser Oper aufgenommen wurden, so zum Beispiel »Río sena«, »Picasso«, »Marrón y azul« oder »Chau Paris«.

Nach seiner Rückkehr nach Buenos Aires 1955 gründete Piazzolla El Octeto de Buenos Aires. Mochte den Musikern auch Feindseligkeit aus Tangokreisen entgegenschlagen, diejenigen, die Piazzolla kannten, unterstützten ihn und waren bereit, mit ihm zu spielen: der treue Hugo Baralis, Enrique Mario Francini (Geige), Atilio Stampone (Klavier), Leopoldo Federico (Bandoneon) und José Bragato (Violoncello), dem Piazzolla – Gipfel der Häresie – mit Horacio Malvicino eine elektrische Gitarre zur Seite stellte. Das Octeto wandte sich vom *tango chan-chan* der vierziger Jahre ab. Diese Wende wurde bewußt herbeigeführt, wie Piazzolla anläßlich der Veröffentlichung des von den Musikern selbst finanzierten Albums *Octeto de Buenos Aires* erklärte. Es war ein Ergebnis seines Aufenthalts in Paris, dem er sowohl die Jazz-Einflüsse als auch die Energie verdankte, die er aus der Begegnung mit Nadia Boulanger geschöpft hatte. Er übernahm die orchestrale Form von Gerry Mulligans Oktett und erklärte, es sei »notwendig, dem Tango die Monotonie zu nehmen, in harmonischer, melodischer, rhythmischer und ästhetischer Hinsicht«, und fügte hinzu: »Kurz gesagt, es ist notwendig, die Musiker und Zuhörer nicht zu langweilen, sondern zu begeistern, ohne dabei aufzuhören, Tango zu spielen.« Die Aufnahme überrascht auch ein halbes Jahrhundert später noch, solche Wunder vollbrachte das Orchester. Die Polytonalität einzelner Passagen, wie zum Beispiel der musikalischen Ausführungen von Malvicino in »Tangology« oder in dem alten Standard »El entrerriano«, ist durch phänomenalen Erfindungsreichtum gekennzeichnet und gibt dem jeweiligen Stück einen ganz eigenen Charakter, der das Spiel der einzelnen Instrumente hervorhebt. Piazzolla griff später einige dieser Stücke mit seinem Quintett wieder auf, mit einer gefühlvolleren Ästhetik, aber nicht mehr mit einem solchen Überschäumen kreativer Energie. Verständlich, daß die einer vergangenen Zeit nachtrauernden *tangueros* auf diese Musik, in der gleichzeitig die Einflüsse Bartóks und Gershwins zutage treten, ablehnend reagiert haben.

Wie dem auch sei, Piazzolla schrieb immer weiter Musik, komponierte, wie er es sein Leben lang tun sollte, mehrere Stunden pro Tag. Er trat auf, spielte Platten ein, gründete Ensembles wie das Orquesta de Cuerdas, für das er »Tres minutos con la realidad« komponierte, ein wunderbares, von Strawinsky inspiriertes und speziell für dieses Ensemble geschriebenes Stück, und viele andere, darunter das 1959 nach dem Tod des Vaters komponierte »Adíos nonino«, das später ein Standard werden sollte.

1960 gründete Piazzolla sein Quinteto Tango Nuevo: Seine Mitmusiker waren Elvino Vardaro/Antonio Agri (Geige), Jaime Gossis/Osvaldo Manzi (Klavier), Oscar López Ruiz (elektrische Gitarre) und Kicho Díaz (Kontrabaß). Zu den Stücken, die er aufnahm, zählten »Retrato de Alfredo Gobbi«, »Milonga del angel« oder »Concierto para quinteto« mit seiner großartigen Schlußfuge; er arbeitete mit Jorge Luis Borges zusammen, vor allem bei der *milonga* »Jacinto Chiclana«. Im Anschluß an sein Konzert in der Philharmonic Hall in New York im Mai 1965 veröffentlichte er das Album *Révolution du tango* mit zeitgenössischen Stücken wie »Tango diablo«, das eine Wende in der Ästhetik des Tangos einleitete.

Eine neue Phase begann für Piazzolla mit den balladenartigen Stücken, die er in Zusammenarbeit mit dem uruguayischen Dichter Horacio Ferrer komponierte: »María de Buenos Aires« (1968), dann »Balada para un loco« (1969), »Chiquilín de Bachín« und »Balada para mi muerte«, das von Amelita Baltar, seiner damaligen Frau, gesungen wurde.

1970 gab er ein historisches Konzert im Teatro Regino, in dem er mit seinem Quintett, das wie immer aus hervorragenden Musikern bestand, vor allem »Las cuatro estaciones« spielte. In den folgenden Jahren wies Piazzolla, der sich vor allem bei der Jugend wachsender Beliebtheit erfreute, dem Tango neue, bis dahin ungeahnte Möglichkeiten. Mit seinem Quinteto Electronico näherte er sich der Rockmusik an, dann der zeitgenössischen Musik, er komponierte längere Stücke, wobei er sich immer mehr vom gesungenen Tango entfernte und sinfonische Formen aufgriff. In seinem letzten Lebensabschnitt fand er zu den kleineren Ensembles zurück, zwischen 1978 und 1988 zum Nuevo Quinteto mit Suárez Paz, Console, Ziegler, Malvicino, und von 1989 bis 1990 dann zum Sexteto, bis er 1990 eine Hirnblutung erlitt.

Mit dem Octeto bewies Piazzolla, was er während seines ganzen Lebens mit den zahlreichen Ensembles, die er geleitet hatte, immer vertreten hatte: Der Tango braucht weder den Gesang noch den Tanz, um existieren zu können, alle musikalischen Formen und Techniken – Fuge, Kontrapunkt, Kadenz, Improvisation – können angewandt werden; der Tango ist in seinen Harmonien und Melodien frei; und er ist eine eigenständige Musikrichtung. Gut zehn Jahre nach seinem Tod ist es noch etwas früh, eine Bilanz seines Wirkens und seines Werkes zu ziehen. Dennoch ist Piazzolla unbestreitbar der wichtigste Musiker der jüngsten Epoche des Tangos. Er war sehr schöpferisch und hat eine beträchtliche Menge an Musikstücken geschaffen, mehrere hundert Titel, siebzig LPs und Hunderte von Arrangements, und er hat alle Musikgenres aufgegriffen und eine Ästhetik umgesetzt, die er ständig weiterentwickelte.

Im Gegensatz zu manchen seiner Gegner, die immer noch behaupten, seine Musik sei kein Tango, bin ich der Ansicht, daß Piazzolla den Tango vor dem sicheren Untergang bewahrt hat, indem er ihm das moderne musikalische Gepräge gegeben hat, das er benötigte, um weiterleben zu können. Im übrigen hat Piazzolla durch Auftritte in der ganzen Welt, durch Hunderte von sowohl klassischen als auch volkstümlichen Werken, die er für die verschiedensten Ensembles geschrieben hat, den Tango in der ganzen Welt bekannt gemacht, was wiederum auch dem älteren Tango neue Geltung verschaffte. Piazzolla hat auf jeden Fall dazu beigetragen, den Tango mit modernen Musikrichtungen und einer neuen Generation zu versöhnen.

In Argentinien wie anderswo beeinflußte Piazzolla ab den siebziger Jahren den Großteil der Tangomusiker, so auch Rodolfo Mederos, der trotzdem versuchte, sich von ihm abzusetzen. Mederos gründete in den sechziger Jahren das Octeto Guardia Nueva, arbeitete danach als Arrangeur für Pugliese und gründete dann Generación Zero. Er komponierte die Musik zu dem Film *Les Trottoirs de Saturne* nach dem Werk von Eduardo Arolas und gründete dann 1992 ein Quintett. Raúl Garello begann sehr früh, Bandoneon zu spielen. Er spielte in *orquestas típicas* und dirigierte später zusammen mit Carlos García das Orquesta de Tango de Buenos Aires. Néstor Marconi, Bandoneonist und Komponist, schrieb vom Jazz beeinflußte Arrangements für das Cuarteto de Colángelo und für seine eigenen Ensembles.

In den siebziger Jahren tauchten andere Musiker auf, die durch die *tanguerías* oder durch Konzerte bekannt wurden, so die Gesangsgruppe Buenos Aires 8, die nach Art der Swingles Singers und der Double Six a cappella sangen. Sie wurden 1973 im Caño 14, dem Tempel des Tangos, engagiert, und ihre Tangoarrangements, besonders die von Piazzolla, sind beispielhaft. Viele exzellente Musiker traten damals in Konzertsälen auf: Ernesto Baffa, Osvaldo Berlingieri, Osvaldo Piro, Saúl Cosentino, Osvaldo Tarantino, Osvaldo Montes, Daniel Binelli. Auch die Sänger Edmundo Rivero, Rufino, Casal, Durán, Podestá und Sosa müssen erwähnt werden und aus der jungen Generation Raúl Lavie, Reinaldo Martín, Rúben Juárez sowie Sängerinnen wie Susana Rinaldi, Eladia Blásquez, Virginia Luque und Amelita Baltar. Und schließlich noch die Dichter: Héctor Negro, Osvaldo Arena, Juan Carlos Lamadrid und später dann Horacio Ferrer.

11. Kapitel

DIE ACHTZIGER JAHRE: DER TANGO IN PARIS

In den siebziger Jahren gab es in Buenos Aires Gruppen junger Musiker, die unter dem Einfluß Piazzollas begannen, den Tango von Grund auf zu erneuern. Doch dieser Tango blieb noch auf Studenten- und Intellektuellenkreise beschränkt, während der alte Tango der vierziger Jahre in bestimmte Stadtviertel und auf Vereinsfeste verdrängt wurde. Die Veröffentlichung des ersten Albums von Susana Rinaldi 1972 holte den Tango aus diesen begrenzten Kreisen. Das Album wurde durch die Medien bekannt gemacht und positiv aufgenommen. Doch zeigte es keine sofortige Wirkung. Argentinien erlebte damals eine der unruhigsten Phasen seiner Geschichte. Die Machtübernahme durch das Militär 1976 und die damit verbundenen Repressionen zwangen einen großen Teil der Künstler zu emigrieren. Susana Rinaldi konnte dank der Unterstützung einiger Freunde, darunter Julio Cortázar, und trotz der Intervention der argentinischen Botschaft in Paris ein Konzert geben. Susana Rinaldi ist eine Sängerin, die der Tradition folgt und sie zugleich transzendiert. Ein Zusammentreffen verschiedenster Umstände brachte sie zum Tango, wie sie selbst berichtet. Sie stellt ihre Doppelausbildung als Schauspielerin und klassische Sängerin in den Dienst der großen Dichter des Tangos. Ihre Stimme ist immer voller Gefühl. Sie versucht stets, die Phrasierung, die Intonation, die Momente der Spannung und Entspannung dem poetischen Stil des jeweiligen Autors anzupassen, eine Vorgehensweise, die sie zu einer der besten derzeitigen Tangosängerinnen macht: In Frankreich waren ihre beiden Alben, nicht zuletzt durch ihr Konzert im Olympia 1978, sofort erfolgreich.

In der Tat erlebte der Tango in Paris eine Renaissance, auch wenn er seit Anfang des Jahrhunderts immer mehr oder weniger präsent gewesen war.

Eine Reihe argentinischer Musiker hatte sich im Laufe der Zeit in der französischen Hauptstadt niedergelassen. Manche spielten argentinische Volksmusik, andere hingegen Tango. Unter letzteren war auch Juan Cedrón. Er kam Anfang der siebziger Jahre nach Paris und gründete ein *cuarteto* mit César Stroscio (Bandoneon) und Miguel Praino (Bratsche), mit dem er viele Platten veröffentlichte und den Tango in Europa bekannt machte.

Für das Wiederaufblühen des Tangos in Europa war das Konzert von Piazzolla 1977 im Olympia in mehrfacher Hinsicht von Bedeutung: Piazzolla machte den Tango bei Musikern und einem großen Publikum bekannt. Einige Musiker, die mit Piazzolla gespielt hatten, ließen sich in Paris nieder, so der bemerkenswerte Komponist, Musiklehrer und Pianist Gustavo Beytelmann, Osvaldo Caló und Tomás Gubitsch. Sie gründeten verschiedene Ensembles und spielten intensive, schöne und manchmal schwermütige Musik. Im Begleitwort zu dem Album *Révolution du tango* von Piazzolla schrieb Georges Moustaki, einer der ersten, die den Tango für sich entdeckten: »Jeder, den der Tango zum Lächeln bringt, sollte Piazzolla hören.« Von nun an wußte das Publikum, daß der Tango kein Lächeln hervorrufen sollte, daß er »ein trauriges Gefühl ist, das man tanzen kann«, wie es Discépolo, der Verzweifelte, ausdrückte.

Juan José Mosalini war eine zentrale Figur bei der Renaissance des Tangos in Paris. Er kam 1977 mit Susana Rinaldi und war an der Gründung verschiedener Ensembles beteiligt. Schon 1978 nahm er mit Beytelmann, dem Autor eines Teils der Stücke, dem Flötisten Enzo Grieco und dem argentinischen Rockgitarristen Tomás Gubitsch die Platte *Tango rojo: tiempo argentino* auf. Wenig später folgte die Veröffentlichung zweier Soloalben mit Begleitworten von Cortázar und vor allem das Abenteuer eines Trios mit Beytelmann und Patrice Caratini, dessen erstes Album *La bordona* 1983 erschien. Zudem gab es Produktionen in Zusammenarbeit mit den Gitarristen und Arrangeuren Leonardo Sanchez, Gustavo Gancedo, Rudy Flores und Adrian Polití. Die Einrichtung einer Bandoneonklasse am Konservatorium von Gennevilliers 1989 und in zwei oder drei Provinzstädten und die Schaffung einer Lehrbefugnis für Bandoneon/Akkordeon beweisen, daß der Tango in Frankreich seinen Platz im Rahmen der traditionellen Musik gefunden hatte.

Der Pianist und Allroundkünstler Juan Carlos Cáceres hat einen langen Weg hinter sich. Zunächst Posaunist und Jazzschlagzeuger in Argentinien, drückt er sich nun mit Klavier und Stimme aus, wenn er sich nicht der Malerei widmet: Seine musikalischen Nachforschungen haben ihn dazu gebracht, in seine eigenen Kompositionen wieder afrikanische Perkussionsinstrumente aufzunehmen und so die schwarzen Wurzeln des Tangos wieder aufzuwerten: *cajónes* (von schwarzen Musikern der peruanischen Küste als Perkussionsinstrumente verwendete Holzkisten, die seitdem auch von Paco de Lucía wieder eingesetzt wurden) oder *candombe*-Trommeln, wie auf seinem sechsten Soloalbum *Tango negro.* Olivier Manoury, ein französischer Musiker, spielt schon seit langem mit seinem Orchester oder auch mit dem uruguayischen Pianisten Enrique Pascual Tangomusik. Er ist ein bemerkenswerter Bandoneonspieler, der diese Instrumente auch herstellen, stimmen und reparieren kann.

1981 begann das Abenteuer des Les Trottoirs de Buenos Aires. Edgar Cantón, einer der Gründer, erzählt:

> Ich hatte zusammen mit Julio Cortázar die Idee, Tangos zu schreiben. Er hatte Gedichte, die wie Tangos klangen. Wir machten uns an die Arbeit und schrieben die Stükke, die dann von Juan Cedrón gesungen wurden. Das 1979 erschienene Album war so erfolgreich, daß wir fanden, wir müßten einen Ort finden, wo wir den Tango der großen Orchester der vierziger Jahre präsentieren könnten, den damals niemand in Frankreich kannte. Einige bekannte Persönlichkeiten und Freunde, darunter Susana Rinaldi und der Maler Antonio Según, halfen uns. Als Namen wählten wir den Titel eines Tangos, den wir komponiert hatten: »Las Veredas de Buenos Aires/Les Trottoirs de Buenos Aires« [Die Bürgersteige von Buenos Aires].

Die Eröffnung des Les Trottoirs im November 1981 war ein großer Erfolg und die Programmgestaltung anspruchsvoll. Bis 1993, als das Haus schließen mußte, standen die besten Musiker auf der Bühne: das Sexteto Mayor, die Tänzer- und Musikertruppe Tango Argentino, das Duo Salgán/de Lío, das Sexteto Tango, Rúben Juárez, die Sängerinnen Sandra Rumolino, Haydée Alba und Silvana de Luigi, die oft in Europa auftraten. Das Les Trottoirs spielte eine sehr wichtige, vielleicht die entscheidende Rolle bei der Renaissance des Tangos in Frankreich und dadurch auch in Argentinien selbst. Viele Musiker und Gruppen, wie das Sexteto Mayor, das heute in der ganzen Welt spielt, wurden durch einen Auftritt im Les Trottoirs bekannt.

12. Kapitel

DER TANGO: UNIVERSELLE MUSIK, UNIVERSELLER TANZ

Wenn der Tangotanz in Argentinien den Charakter eines Massenphänomens in den sechziger Jahren auch verloren hat, so wurde er doch an einzelnen Orten immer weiter praktiziert, am Rande der öffentlichen Aufmerksamkeit, in Arbeitervereinen oder Nationalitätenklubs. Darüber hinaus war der Tango auch bei offiziellen Tanzveranstaltungen zu finden. Professionelle Tänzer mit einstudierten Tänzen traten in Argentinien und im Ausland auf. Juan Carlos Copes hatte schon 1959 in den Vereinigten Staaten getanzt, zur Musik von Astor Piazzolla. Ja eigentlich ist der Tango seit Anfang des 20. Jahrhunderts auf Weltreise. Auf Europa folgte der Nahe Osten, wo in den vierziger Jahren Manuel Pizarro und Eduardo Bianco auftraten. 1954 bereiste das Orchester von Juan Canaro Japan, wo der Tango bis heute günstige Bedingungen für seine Weiterentwicklung findet. Doch was dem Tanz in den achtziger Jahren einen entscheidenden Impuls gab, war die Tournee der Truppe Tango Argentino, deren erster Auftritt 1982 im Théâtre du Châtelet anläßlich des Herbstfestivals stattfand. Die Truppe bestand aus dem Sexteto Mayor, dem Duo Salgán/

de Lío und Sängerinnen wie Elba Berón und Maria Graña. Es gab fünf Tanzpaare, darunter das von Elvira und Virulazo, dessen Besonderheit darin bestand, mit minimalem Bewegungsaufwand zu tanzen. Die Tournee führte die Truppe durch ganz Europa und dann in die USA, wo sie am Broadway sechs Monate vor ausverkauftem Haus auftrat. Nun wuchs die Begeisterung für den Tanz ständig. Tänzer kamen aus Argentinien, um zu unterrichten, und die Zahl der Kurse stieg. Tango Argentino tourte 1989 ein zweites Mal. Der Tango entwickelte sich mit den Tänzern der Truppe, von denen einige in Paris blieben, weiter. Zusätzlich zu den Tanzkursen, die im Les Trottoirs angeboten wurden, öffneten noch andere Tanzschulen in Paris. Heute gibt es ungefähr fünfzig Tanzschulen und -einrichtungen in Paris und zahlreiche in der Provinz.

In Buenos Aires wurden zahlreiche *milongas* eröffnet. Diese Bewegung begann 1990 und hat sich bis 1995 ausgeweitet, heute sind zahlreiche Veranstaltungsorte über die verschiedenen Stadtviertel verteilt. Immer wieder werden neue *milongas* eröffnet, andere geschlossen, doch im Schnitt gibt es gut fünfzig, die gewissenhaft in den Verzeichnissen der beiden dem Tangotanz gewidmeten Zeitschriften aufgelistet werden: *BA Tango* und *El Tangauta*, beide vor knapp fünf Jahren gegründet. Die *milonga*-Bewegung wächst weiterhin. Dadurch, daß auch die Jugendlichen voller Begeisterung Tango tanzen, entwickeln sich auch die Tanzfiguren weiter. Allerdings ist zu beobachten, daß dieses Phänomen die breite Masse noch nicht erreicht hat.

Der Tango, Musik wie Tanz, wird seit langem in vielen Ländern praktiziert. In Japan beispielsweise, wo argentinische Musiker oft gastiert haben, versucht man, sich so gut wie möglich dem Original anzupassen. Das gleiche gilt für Italien und Spanien. In anderen Ländern hingegen wurden nationale Musiktraditionen auf den Tango übertragen, was zu originellen Kreationen führte, wie beispielsweise in der Türkei, in Ägypten, im Libanon und in den Ländern Nordeuropas.

In Finnland war der Tango schon vor dem Krieg heimisch geworden. Als seine Beliebtheit in den sechziger Jahren in Argentinien zurückging, kam es in ganz Finnland zu einer Art Tangofieber. Damals wurden im ganzen Land Tangos komponiert, gespielt und gesungen. 1964 konkurrierte ein finnischer Tango hinsichtlich der Verkaufszahlen mit einem Titel der Beatles. Nach dieser schnellen Entwicklung hielt der finnische Tango allerdings eine Art Dornröschenschlaf, um in den achtziger Jahren wieder zu neuem Leben zu erwachen. Nach dieser langen Pause kam er mit doppelter Energie zurück. Das Tangofestival von Seinäjoki, bei dem Preise an die besten Interpreten verliehen und eine Tangokönigin gekrönt werden, ist, seit es 1985 ins Leben gerufen wurde, zum größten Volksfest Finnlands geworden (1999 kamen 130 000 Besucher).

Bezüglich der Mittelmeerländer, wo der Tango diversen anderen Einflüssen ausgesetzt war, spricht man manchmal vom sephardischen Tango. So wurden in Saloniki seit der Zeit vor dem Krieg Texte für den Tango »Garua« erfunden. Der Tango reiste nach Bulgarien, nach Israel, nach Ägypten und in den Libanon. Bedeutende Tangomusiker aus letzteren beiden Ländern sind Muhammad Abd al-Wahhab und Farid al-Atrash. Manchmal begleitete der Tango den Emigranten auch bei der Rückkehr in sein Geburtsland.

Der Tango, der am Anfang auf eine bestimmte Region begrenzt war, ist richtiggehend »nomadisch« geworden, um mit Ramón Pelinski zu sprechen, denn er übernimmt Elemente anderer Kulturen, ohne dabei seine Identität zu verlieren. In diesem Sinne kann der Tango reisen oder auswandern und mit einem fremden Akzent nach Argentinien zurückkehren. Von nun an drückt der Tango die

Gefühle aus, die wir alle empfinden – wie Homero Manzi sie in »Sur« beschreibt:

Nostalgia de las cosas que han pasado
Arena que la vida se llevó
Pesadumbre de barrios que han cambiado
Y amargura del sueño que murió…

Sehnsucht nach vergangenen Dingen
Sand, den das Leben forttrug
Kummer über die Stadtviertel, die sich verändert haben
Und Bitterkeit über den zerschlagenen Traum…

ANMERKUNG ZUM RHYTHMUS IM TANGO

Aus Platzgründen kann hier nicht auf die melodischen und harmonischen Aspekte des Tangos eingangen werden. Es erscheint mir jedoch wichtig, den rhythmischen Aspekt zu behandeln, da er die Grundlage für das Verständnis aller afro-amerikanischen Musik in Nord- wie in Südamerika darstellt. Für viele Musiker ist der Tango eine bestimmte Art, Musik zu spielen und zu fühlen. Melodien definieren zu wollen, die ausschließlich zur Welt des Tangos gehören, würde sicher eine schwierige Aufgabe darstellen. Aber der Tango hat bestimmte charakteristische Merkmale – seine Phrasierung, seine Expressivität, seine Ornamentik, eine bestimmte Atemtechnik, seine Akzentuierungen und eine bestimmte Gliederung des musikalischen Verlaufs –, die es erlauben, die Tangos Villoldos vom Anfang des 20. Jahrhunderts und die von Astor Piazzolla in einer einzigen musikalischen Kategorie zusammenzufassen, unabhängig von der harmonischen und melodischen Komplexität der Musik. Diese Art, den Tango zu »fühlen«, zieht eine relativ klare Grenze zwischen dem Tango und anderen ihm verwandten Musikgattungen afro-amerikanischen Ursprungs, wie dem Jazz oder der Musik der Karibik. Die rhythmische Dimension nimmt eine Vorrangstellung in der Musik des Tangos ein. Die rhythmischen Bausteine, ohne die der Tango nicht existieren könnte, enstammen der Tradition der Schwarzen und der Mestizen der Atlantikküste Südamerikas. Sie resultieren aus einer Vermischung der Musik der afrikanischen Sklaven mit der Musik der Weißen. Unter den verschiedenen rhythmischen Formeln, die sich entlang des

Atlantiks, von den Antillen bis zum Río de la Plata (aber auch in Peru, Ecuador, Kolumbien und Venezuela), finden, gibt es den berühmten Habanera-Rhythmus (mit oder ohne Synkope vor dem zweiten Schlag):

2/4 

Dieser Rhythmusbaustein hat sich im Zuge des Sklavenhandels zwischen Afrika, Spanien und den Antillen entwickelt (auf Kuba und Santo Domingo) und ist anschließend in einige Musikrichtungen der Karibik, Mexikos, Brasiliens, Uruguays, Argentiniens und nicht zuletzt auch Nordamerikas eingegangen. Der große »kreolische« Jazzpianist Jelly Roll Morton (1890-1941), geboren in New Orleans, erklärte Alan Lomax, der 1938 für die Library of Congress Aufnahmen von ihm machte, daß er die rhythmischen Formeln der Habanera benutzte. Er bezeichnete sie als »spanische Färbung« und behauptete, daß »jede gute Jazzmusik wenigstens Spuren davon enthalten müsse«. James Lincoln Collier fügt hinzu, dieser Rhythmus sei in Wahrheit eine »klassische« Variation der berühmten »3-2-Formel« (drei etwa gleich lange Noten auf einen 2/4-Takt verteilt), die man »gemeinhin in der afrikanischen Musik, in der volkstümlichen afro-amerikanischen Musik, im Ragtime und in der Jazzmusik« findet. Er meint weiter: »Dieser Rhythmus ähnelt den aus Südamerika importierten Tänzen, ganz besonders dem Tango und der Samba.« Und schließlich: »Der Habanera-Rhythmus ist dem Rhythmus, auf dem der größte Teil des Jazz improvisiert und komponiert wurde, sehr ähnlich.« Er schreibt außerdem, daß Jelly Roll Gitarrenunterricht genommen hatte, und zwar »bei einem spanischen Herrn aus der Nachbarschaft«. Es gibt eine frappierende Ähnlichkeit zwischen der Musik von Jelly Roll Morton (der zu Beginn seiner Karriere Bordellpianist war), wenn er solo oder mit seinem Ensemble Red Hot Peppers Stücke mit afro-karibischen Rhythmen spielt – zum Beispiel »New Orleans Joy«, »Tía Juana« oder »Mamanita« –, und dem Tango »Joaquina«, der in Buenos Aires von dem farbigen Pianisten Manuel Campoamor zu Ehren der Besitzerin des Bordells, in dem er auftrat, komponiert wurde (siehe beiliegende CD). Diese Musikstücke haben gemeinsame Wurzeln, sie haben sich erst später auseinanderentwickelt. Der hier besprochene Habanera-Rhythmus kann auch als Folge von zwei punktierten und einer nicht punktierten Achtel gelesen werden:

Diese Formel entspricht dem, was manche das *tresillo cubano* nennen: ein eigenes und elementares System aus drei Schlägen, die unregelmäßig über einen Zweier- oder Vierertakt verteilt sind. Das ist einer der wichtigsten Bausteine der afro-kubanischen Musik und entspricht der rhythmischen Struktur zahlreicher Tangos und *milongas*, ob sie nun *pampecnas*, *urbanas* oder *uruguayas* sind.

Diese beiden scheinbar gleichwertigen Formeln drücken in Wirklichkeit zwei sehr unterschiedliche rhythmische und musikalische Auffassungen aus, auf die hier nicht näher eingegangen werden kann.

Es gibt im Tango auch Formeln, die dem nahestehen, was Alejo Carpentier den *cinquillo cubano* nennt, ein elementares System aus fünf Schlägen, das sehr deutliche synkopische Akzente einschließt.

Die rhythmischen Bausteine von fünf auf einen Zweiertakt sich verteilender Schlägen (*cinquillo cubano*) wie die Rhythmen (*tresillo cubano*) liegen sowohl dem Tango als auch der *milonga* zugrunde. Dieser Rhythmus nennt sich *clave*; es ist ursprünglich der Name der Holzstücke, die die Seeleute auf Kuba benutzten, um die Taue der Schiffe festzumachen. Die *clave*-Rhythmen existieren auch in Afrika. Das Instrument hingegen (zwei Stücke sehr harten Holzes, die gegeneinander geschlagen werden) ist ohne Zweifel auf Kuba entstanden. Die schwarzen Sklaven und die Mestizen haben dieses Idiophon und das rhythmische System des *clave* in eine für sie neue Musik weißen Ursprungs eingegliedert.

Die rhythmische Struktur des *clave* ist der afro-kubanischen Musik inhärent. Einer der bekanntesten Rhythmen des *clave*, der des kubanischen *son*, ist eng verwandt mit dem, der auch in der Welt des Tangos gebräuchlich ist.

Die *claves* sind auch in der uruguayischen *candombe* präsent, die natürlich ebensowenig wie der haitianische Voodoo oder die rituelle brasilianische *candombe* heute noch ausschließlich schwarz ist. Die *candombe* hat sich über die Musik der Straße in den Tango integriert. Nachdem sie im 19. Jahrhundert ihren sakralen und rituellen Charakter verloren hatte, ist sie in die Karnevalsbräuche eingegangen, die in Montevideo schon immer sehr lebendig waren (in Buenos Aires allerdings fast verschwunden sind) und bei denen im Februar Hunderte von *tamborileros* [Handtrommler] in Umzügen marschieren, um dem Ruf der *llamadas* zu antworten. Mit ihren verschiedenen Schulen und Stilen in den einzelnen Stadtvierteln stellt die *candombe* eines der wichtigsten musikalischen Phänomene Uruguays dar. Die Trommelschläge der *candombe*, vor allem des *tambor repique*, finden sich in den rhythmischen Formeln wieder, die von Tangomusikern verwendet werden. Der Uruguayer Romeo Gavioli integrierte die Trommeln sogar in sein Orchester. Das gleiche gilt für die *toques de madera*, bei denen das Holz der Trommeln zu einem dem kubanischen *clave de son* ähnlichen Rhythmus geschlagen wird. Diese Nähe des Tangos zur *candombe*, die in Argentinien manchmal verdrängt wird, versuchen einige Musiker heute wiederzufinden. Im Tango sind einige Rhythmusbausteine enthalten, die aus dem Trommelspiel der Schwarzen hervorgegangen sind. Dazu gehören zum Beispiel die Synkopen, insbesondere vor dem zweiten Schlag des 2/4-Taktes oder vor dem dritten Schlag des 4/4-Taktes, sowie zahlreiche rhythmische Figuren, die von der linken Klavierhand ausgeführt werden, vor allem wenn der Musiker *milonguero*, das heißt »mit Swing« spielt, indem er die Begleitakkorde synkopiert.

In den ersten Tangopartituren erschien fast immer ein Habanera-Rhythmus: punktierte Achtel, Sechzehntel, zwei Achtel. Später wurde es ein einfacher 4/4-Takt. Die 3-2-Formel erscheint nicht, ist aber implizit in vielen Tangos und *milongas* enthalten. Diese Verschleierung ist das Ergebnis der Akademisierung der volkstümlichen Musik, als diese schriftlich fixiert wurde. Schriftkonventionen gelten nur innerhalb der Kulturen, die sie hervorgebracht haben. Die Übertragung einer mündlich überlieferten Musik in ein schriftliches System, das ihr in kultureller Hinsicht fremd ist, führt unweigerlich zu einer Verschiebung. Die Schrift, die nur ein Code ist, schafft hier keine Klarheit. Selbst mit Notentext muß der Musiker die Musik vorher gehört haben, um sie korrekt interpretieren zu können. Viele Mißverständnisse resultieren aus der Niederschrift dieser Musikgattungen. Was die mündlich überlieferte Musik betrifft, die uns hier beschäftigt, der *tango porteño*, so ist das Anhören der ersten Aufnahmen zuverlässiger als eine Analyse der Notentexte. Beim Anhören ist die 3-2-Formel deutlich erkennbar, und zwar nicht als rhythmische Variation, sondern als Rhythmusbaustein, der die Melodie strukturiert.

Das gleiche gilt für die Synkope vor dem zweiten Schlag, um den sich die rhythmische Spannung aufbaut – ein Charakteristikum, das die Musik im Gebiet des Río de la Plata mit vielen Musikrichtungen schwarzen Ursprungs in

Lateinamerika teilt. Es ist unmöglich, hier die Rolle und die Bedeutung all dieser Formeln darzulegen. Doch sie sind die rhythmischen Schlüssel zur Tangomusik und können nur durch aufmerksames Zuhören und regelmäßiges Üben erkannt und übernommen werden.

Ab 1911 wird mit dem Aufkommen des *orquesta típica* der 2/4-Takt der Habanera, der alle Themen des *tango porteño* strukturierte, zugunsten eines gehämmerten 4/8-Taktes ohne Synkope aufgegeben, auch wenn es weiterhin Brauch bleibt, im 2/4-Takt zu notieren.

Im allgemeinen benutzte der Tango bis zur Zeit der Guardia vieja den geraden 2/4-Takt, danach jedoch den 4/4- oder 4/8-Takt, während der 2/4-Takt der *milonga* vorbehalten blieb. Die ersten Versionen des Standards »El choclo« sind alle im 2/4-Takt gespielt, zumindest bis 1911, die neueren im 4/4-Takt. Letztlich spielte jedes Orchester nach seinem Geschmack und richtete sich nicht nach den Taktangaben auf der Partitur. Letztere war nur eine bequeme, aber nicht notwendige Gedächtnisstütze, denn viele der Musiker spielten bis in die sechziger Jahre nach Gehör. In den sechziger Jahren findet man auch Aufnahmen des Stücks »El choclo« als schnelle 2/4-Takt-Versionen sowie als langsame 4/4-Takt-Versionen. Es ist auch möglich, innerhalb einer Version von einem Takt zum anderen zu wechseln, wie es das Trio Beytelmann/Mosalini/Caratini eben mit »El choclo« macht: im ersten Teil typisch *tango*, im zweiten eher *milonga*. Man kann auch langsame *milongas* vom Typ *campero* spielen, wie zum Beispiel »Tinta roja«. An den Grenzen des stilistischen Universums existiert eine große rhythmische Freiheit, die der Interpret zu nutzen wissen muß.

Schließlich muß noch die starke Interaktion zwischen Melodie und Rhythmus hervorgehoben werden, die von Villoldo bis Piazzolla den Tango charakterisierte.

GLOSSAR

academias: Tanzstätten, an denen Frauen gegen Bezahlung als Tanzpartnerinnen zur Verfügung standen.

arrabalero: vorstädtisch, grob; Vorstadtbewohner.

bambuco: kolumbianisches Tanzlied spanischen Ursprungs mit Wechsel von 3/4- und 6/8-Takt, in dem sich europäische und afrikanische Einflüsse vermischen. Typische Begleitinstrumente sind Gitarre, Mandoline und Schlaginstrumente.

banda: Blaskapelle, oft Militärorchester (*banda militar*), in ganz Lateinamerika beliebt.

cajón: Trommel, die in der Rumba benutzt wird.

candombe: aus Afrika stammender Tanz und Rhythmus, der noch heute in Uruguay getanzt und gespielt wird, fester Bestandteil des uruguayischen Karnevals.

canyengue: musikalisches Stilmittel der Orchester – eine Art Perkussionseffekt, der erzeugt wird, indem man mit den Händen auf den Resonanzkörper oder den Blasebalg des Bandoneons oder mit dem Bogen auf die Geigensaiten schlägt. Bezeichnet auch einen fröhlichen, etwas derben Stil beim Singen und Tanzen des Tangos.

chacarera: Tanzlied, das im Nordwesten Argentiniens, besonders in der Provinz Santiago del Estero verbreitet ist. 3/4-6/8-Rhythmus (Hemiole). Der Tanz wird zum Teil als *zapateo* getanzt.

chamamé: Musik- und Tanzgattung im argentinischen Teil des Paraná-Beckens, wird auf dem Akkordeon (manchmal auch Bandoneon) mit Gitarrenbegleitung gespielt; sehr beliebt auch in Uruguay und Brasilien.

charrasca: Schrapidiophon aus Kolumbien, wird aus Holz, Bambus, Metall oder Rinderhörnern hergestellt.

chicharra: Zikade – Perkussionseffekt, der erzeugt wird, indem man die Saiten der Geige zwischen Steg und Saitenhalter streicht; wird von vielen Tangomusikern eingesetzt.

choro: 1. brasilianisches Volksmusikensemble mit Zupf- und Blasinstrumenten und einer Trommel (*pandeiro*); 2. volkstümliche instrumentale Tanzmusik für diese Ensembles; entstand Anfang des 20. Jahrhunderts.

cielito: Tanzlied, das in der Pampa-Region Argentiniens bis zum Anfang des 20. Jahrhunderts sehr beliebt war.

cifra: Musikgattung der *payada*, Liedform der *payadores*, Solostimme wechselt mit Gitarrenparts ab. Der Text der *cifra* beruht auf der *décima*; wird heute noch in der Provinz Buenos Aires praktiziert.

cinquillo: Rhythmusbaustein aus Santo Domingo. Rhythmisches Grundmodell der afro-kubanischen Musik, das in die *contradanza* (*cubana*) Eingang fand; der 4/4-Takt wird synkopisch in 5 Teile gegliedert.

claves/claves de son: 1. Idiophon aus zwei Hartholzstäben, die aufeinandergeschlagen werden. 2. Grundrhythmus der wichtigsten kubanischen Musik- und Tanzgattungen.

comparsa: Karnevalstruppe; Gruppe von Sängern und Tänzern, meist Schwarze, die besonders während des Karnevals und am Dreikönigstag durch die Straßen ziehen; finden sich häufig in Lateinamerika, besonders auf Kuba, in Argentinien, Uruguay und Brasilien.

contradanza: Figurentanz und instrumentale Musikgattung; aus dem in ganz Europa beliebten englischen *country dance* hervorgegangen und im Laufe des 17.

Jahrhunderts über Frankreich in die französischen Kolonien (Antillen) gelangt. Die *contradanza* hat keine festen Schrittfolgen und keinen festgelegten Rhythmus; es gibt sie im 2/4- und im 6/8-Takt. Nach der Sklavenrevolte von 1791 wurde sie zum kubanischen Gesellschaftstanz; sie hat die kubanische Musik in hohem Maße beinflußt (Vorform der Habanera).

corte: Schnitt – Figur des Tangos, bei der das Tanzpaar abrupt stehenbleibt.

criollo: kreolisch, einheimisch; typisch für eine bestimmte Region.

cuatro: Name für verschiedene Typen von Saiteninstrumenten in Südamerika; Instrument der weiten Ebenen im Süden des Landes; Nationalinstrument in Venezuela; Instrument mit vier Saiten.

cueca: chilenischer Paartanz der *zamba*-Familie, Werbetanz; synkopierter 3/4- und/oder 6/8-Takt.

décima: improvisierte, gesungene Strophe aus zehn Achtsilbern, die aus der klassischen spanischen Strophenform hervorgegangen ist. Bevorzugte Liedform der *payadores*.

estilo: seit dem 18. Jahrhundert Tanzlied in Uruguay und später auch in Argentinien (Pampa); der melancholische Text wird in der klassischen spanischen Strophenform der *décima* zur Gitarre gesungen; später Gesellschaftstanz in Argentinien.

fandango: brasilianischer Volkstanz mit verschiedenen Formen, wahrscheinlich ursprünglich afrikanischer Tanz; außerdem Musikgattung des Flamencos ohne Bezug zur afro-amerikanischen Musik- und Tanzgattung.

festejo: afro-peruanischer Tanz und Rhythmus im 3/4- und 6/8-Takt.

firmeza: ein in Argentinien im 19. Jahrhundert sehr beliebtes Tanzlied.

gato: Tanzlied mit *zapateo*; fast überall in Argentinien verbreitet.

Habanera: ein seit dem Anfang des 19. Jahrhunderts auf Kuba bekannter Tanz, dem Tango ähnlich, von gemäßigter bis langsamer Bewegung im 2/4-Takt.

huayno, auch ***wayño***: musikalisch-tänzerische Gattung mit pentatonischer Tonleiter und geradem Takt, ursprünglich aus den Anden.

joropo: rhythmischer Volkstanz spanischen Ursprungs aus Venezuela mit ständigem Wechsel von 3/4- und 6/8-Takt.

landó: afro-peruanische Musik- und Tanzgattung.

landú: afro-brasilianische Musik- und Tanzgattung.

lija: wörtlich: Sandpapier. 1. Geräuscheffekt auf der Geige, der in den *orquestas típicas* angewandt wurde: die Saiten werden dicht am Steg gestrichen. 2. kleines Instrument, das Astor Piazzolla 1953 anläßlich seines Konzerts in der Juristischen Fakultät von Buenos Aires von einem Gitarrenbauer herstellen ließ; die *lija* besteht aus zwei Stegen, Saiten, einem Resonanzkörper und einem kleinen Bogen. Die Musiker konnten damit den beliebten *chicharra*-Effekt produzieren.

llamadas: Trommelspiel bei der *candombe* während des Karnevals in Montevideo.

marimba: afro-amerikanisches Tragbügel-Xylophon; findet sich vor allem in Mittelamerika (Guatemala), aber auch in Ecuador und Kolumbien.

marímbula: Idiophon, dessen Metall-Lamellen gezupft werden; wurde von den Schwarzen der Antillen und in Kolumbien gespielt.

masacalla: Schlagidiophon, das bis zum Endes des 19. Jahrhunderts in der afro-uruguayischen Musik benutzt wurde.

maxixe: Volkstanz aus Brasilien mit raschem synkopierten 2/4-Takt.

merengue: Tanz- und Liedform der Karibik (Santo Domingo), in der sich afro-kubanische und europäische Einflüsse verbinden.

milonga: rhythmisch stark ausgeprägtes argentinisches Tanzlied in mäßig schnellem 2/4-Takt; ursprünglich afrikanischer Tanz im Zweiertakt mit synkopierten Rhythmen. Auch Bezeichnung für Fest und feiern (*milonguear*), für Tanzlokal und für Musiker, die mit Swing spielen.

murga: Gruppe weißer Musiker, die während des Karnevals in Buenos Aires und Montevideo an den Umzügen teilnehmen.

orquesta típica: Bezeichnung für Tangoensembles, zuerst Quartette mit Bandoneon, Gitarre, Violine und Klavier, später Sextette mit zwei Geigen, zwei Bandoneons, Klavier und Kontrabaß; der Begriff wurde zuerst 1911 von Vicente Greco für sein Orchester verwendet.

payada: Stegreifdichtung aus der Provinz Buenos Aires und Uruguay, bei der die Dichter gegeneinander antreten.

payador: Stegreifsänger mit Gitarre.

payar por cifra: zu einem 6/8-Takt gesungene Dichtung.

payar por milonga: zum 2/4-Takt gesungene Dichtung.

piringundin: bescheidene, einfache Tanzlokale in der Anfangszeit des Tangos.

porteño: von *puerto* [Hafen] abgeleitet – 1. zu Buenos Aires gehörend. 2. Bewohner von Buenos Aires.

quebrada: »Bruch« – Figur beim Tango, bei der eine Neigung des Oberkörpers ausgeführt wird.

quijada: Schrapidiophon, aus den Kieferknochen von Eseln hergestellt; wird in vielen afrikanischen Musikgattungen Lateinamerikas verwendet.

roña: Schmutz; Sammelbezeichnung für alle Geräuscheffekte beim Tango.

rumba: afro-kubanischer Tanz im 2/4-Takt mit synkopiertem Rhythmus; wird nur von Trommeln begleitet. Die Rumba wird als offener Paartanz mit ausgeprägten Hüftbewegungen ausgeführt.

samba: Bezeichnung für die Lieder und Tanzmusik der afro-brasilianischenVolksmusik. Um 1920 entwickelter Gesellschaftstanz im 2/4-, 4/4- oder 2/2-Takt. Die *samba* hat ein rasches Tempo, einen geraden Takt und einen stark synkopierten Rhythmus.

Schottisch: europäischer Paartanz in raschem 2/4-Takt mit Wechselschritt, Vorläufer der Polka; im 19. Jahrhundert in Lateinamerika sehr beliebt.

son: erst ländliche, danach städtische Musikgattung mit Gesang und Tanz, die in den ostkubanischen Provinzen entstanden ist und sich in Havanna weiterentwikkelt hat; eine der großen Gattungen der Volksmusik, mit *clave*-Rhythmen gespielt.

tresillo (cubano): (span. für Triole); neben dem *cinquillo* grundlegender Rhythmus der afro-kubanischen Musik, der den 4/4-Takt mit einer Zerlegung in 3/8, 3/8, 2/8 fast triolisch unterteilt.

violín-corneta: spezieller Schalltrichter, den Julio de Caro für seine Geige benutzte.

yaravi: frei gestaltetes Tanzlied aus der Inkazeit mit pentatonischer Melodik und meist langsamem 3/4-Takt; in verschiedenen Gebieten Südamerikas noch heute lebendig. Instrumentale und gesungene Musikgattung aus dem 19. Jahrhundert auf der Grundlage der traditionellen Musik der Anden.

yumba: Perkussionseffekt, der vom Komponisten und Orchesterchef Osvaldo Pugliese benutzt wurde; er beruht auf dem Gegensatz von einem *fortissimo* auf dem ersten und dritten Schlag und einem *pianissimo* auf den beiden anderen, was zu einem yum-ba yum-ba-Effekt führt.

zamba: Liedtanz aus Argentinien und Uruguay im 6/8-Takt; Paartanz mit Vor- und Nachspiel der Gitarre, seit Anfang des 19. Jahrhunderts bekannt.

zam(b)acueca: altes kreolisches Tanzlied, besonders in Chile und Argentinien verbreitet; schneller 6/8-Takt wechselt mit 3/4-Takt; ist verwandt mit der argentinischen *zamba* und der chilenischen *cueca*.

zapateado/zapateo: Tanztechnik spanischen Ursprungs, bei der die Tänzer abwechselnd mit den Absätzen und Schuhspitzen aufstampfen; findet sich in zahlreichen Musikgattungen Lateinamerikas.

zarzuela: eine Art spanisches Singspiel, bei dem sich Gesang und gesprochener Text abwechseln; benannt nach dem ersten Ort ihrer Aufführung, dem Palacio de la Zarzuela es werden mythologische und heroische Themen bevorzugt. Die *zarzuela* war in Lateinamerika außerordentlich verbreitet.

ERLÄUTERUNGEN ZU DEN MUSIKBEISPIELEN

1. »La bicicleta«

Tango von Angel Gregorio Villoldo; Gesang Villoldo, Klavierbegleitung Manuel O. Campoamor. Das Stück wurde 1909 aufgenommen und war eine der ersten Tangoaufnahmen überhaupt. Bemerkenswert ist hier der schnelle und harte Habanera-Rhythmus, ein spanischer *zarzuela*-Einfluß in der Melodie und der Gebrauch von Kastagnetten. *Antología del tango rioplatense*, vol. 1, Instituto Nacional de Musicología Carlos Vega, 1981.

2. »Joaquina«

Tango von Juan Bergamino, gespielt von Manuel O. Campoamor, 1911 aufgenommen. Das Stück wurde für Joaquina Marán komponiert, die Besitzerin der *casa de baile* La China Joaquina, wo der Gitarrist Juan Bergamino arbeitete. Dieser Tango wurde 1905 im Orchester gespielt. Beide Klavierhände spielen in einem dem brasilianischen *choro* ähnlichen Rhythmus. *Antología del tango rioplatense*, vol. 1, Instituto Nacional de Musicología Carlos Vega, 1981.

3. »Rosendo«

Tango von Genaro Luis Vásquez, gespielt vom Orquesta Greco, aufgenommen 1911. Erste Aufnahme eines *orquesta típica* mit Geige, Bandoneon und Gitarre. Dieses Stück wurde von dem Geiger Luis Vásquez für den Pianisten Rosendo Mendizabal komponiert. Der Habanera-Rhythmus wird durch die arpeggio spielende Gitarre betont. *Antología del tango rioplatense*, vol. 1, Instituto Nacional de Musicología Carlos Vega, 1981.

4. »El choclo«

Tango von Angel Gregorio Villoldo. Dieser berühmte Tango wurde 1905 von Villoldo komponiert (Musik und Text), der ihn 1910 auch einspielte. Hier handelt es sich um eine Aufnahme des Orquesta Típica Porteña unter der Leitung von Eduardo Arolas. Der Habanera-Rhythmus wird durch das Spiel auf den Baßsaiten der Gitarre erzeugt. *Antología del tango rioplatense*, vol. 1, Instituto Nacional de Musicología Carlos Vega, 1981.

5. »La cumparsita«

Tango von Gerardo Matos Rodríguez. Ein weiterer sehr berühmter Tango. Er wurde in Montevideo komponiert und 1917 vom Orquesta Típica Alonso-Minotto aufgenommen. Er besteht wie der Großteil der Tangos der Guardia vieja aus drei Teilen, und die rhythmische Struktur schwankt zwischen Habanera und einem betonten 4/4-Takt. *Antología del tango rioplatense*, vol. 1, Instituto Nacional de Musicología Carlos Vega, 1981.

6. »La viruta«

Tango von Vicente Greco. Eingespielt von Orlando und seinem Orchestre de Bagdad am 9. November 1933. Das Stück ist ein typisches Beispiel für den Tango aus Paris. Auf *Le tango à Paris 1907-1941*, Frémeaux.

7. »Palomita blanca«

Walzer von A. Aieta und F. Garcia Jiménez. Gesungen von Carlos Gardel. Gitarren: J. M. Aguilar, G. D. Barbieri, D.

Riverol. Ein berühmter Walzer aus der Welt des Tangos. Aufgenommen im März 1930. El Bandoneon 1991.

8. »Mi noche triste«

Tango von Samuel Castriota und Pascual Contursi. Gesungen von Carlos Gardel. Gitarren: J. M. Aguilar, D. Riverol. Das Stück gilt als der erste *tango canción* und wurde von Gardel 1917 vor Publikum gesungen. Die Aufnahme erfolgte 1930. Frémeaux 1996.

9. »Volver«

Tango von Carlos Gardel und A. Le Pera. Gardel sang das Stück in dem Film *El día que me quieras*. Orchester: T. Tucci. Aufgenommen in New York 1935. Frémeaux 1996.

10. »Nostalgias«

Tango von Juan Carlos Cobián und Enrique Cadícamo, gesungen von Carlos José Pérez, genannt »Charlo«. Eine der schönsten Versionen dieses wunderbaren Standards. Man beachte, wie modern die Gitarren klingen. Aufnahme aus dem Jahr 1936. El Bandoneon 1996.

11. »Milonga negra«

Milonga von M. Rada und Enrique Delfino. Gesungen von Mercedes Simone, einer der besten Tangosängerinnen der Zeit zwischen den Weltkriegen. Aufgenommen im Zeitraum zwischen 1928 und 1942. El Bandoneon 1993.

12. »La yumba«

Tango von Osvaldo Pugliese. Dieser berühmte Tango von Pugliese wird hier vom Orchester von Armando Pontier und Enrique Francini gespielt. Letzterer war neben Elvino Vardaro einer der besten Geiger in der Geschichte des

Tangos. Aufgenommen zwischen 1946 und 1950. El Bandoneon 199[illegible].

13. »La llamo silbando«

Tango von Horacio Salgán, der im *canyengue*-Stil des Komponisten und seines *orquesta típica* gespielt wird. Aufnahme von 1952. El Bandoneon 1994.

14. »Madreselva«

Tango von Francisco Canaro und L. C. Amadori. Gesungen von Nelly Vásquez und gespielt von Aníbal Troilos Orchester und dem großen Gitarristen Roberto Grela. Aufgenommen 1963-1964. Es handelt sich hier um eine lange Zeit unveröffentlichte Aufnahme, die erst 1995 von dem argentinischen Label NM Melopea herausgebracht wurde.

15. »La ultima curda«

Tango von Aníbal Troilo und Cátulo Castillo, komponiert 1956. Gesungen von Roberto Goyeneche, der hier großartig von Néstor Marconi am Bandoneon begleitet wird. Live aufgenommen 1986 in Buenos Aires. NM Melopea 1994.

16. »Vuelvo al sur«

Tango von Astor Piazzolla, Text von Fernando Solanas. Eingespielt von Roberto Goyeneche (Gesang) und dem Quintett von Astor Piazzolla (Ziegler, Suárez Paz, Malvicino und Console). Das Stück wurde für den Film *Sur* von Fernando Solanas geschrieben. Milan Sur 1988.

17. »Adíos nonino«

Tango von Astor Piazzolla, aufgenommen beim Jazzfestival in Montreal am 4. Juli 1984. (Die Musiker sind Piazzolla, Ziegler, Suárez Paz, López Ruiz und Console.) Milan Sur/Fundación Astor Piazzolla 2000.

18. »Tres minutos con la realidad«

Tango von Astor Piazzolla. Aufgenommen im Club Italiano in Buenos Aires im April 1989 vom Sexteto Nuevo Tango (Astor Piazzolla, Julio Pane, José Bragato, Gerardo Gandini, Horacio Malvicino und Héctor Console). Bei dieser Komposition ist der starke Einfluß Strawinskys spürbar. Milan Sur/Fundación Astor Piazzolla 1997.

19. »Sur«

Tango von Aníbal Troilo und Homero Manzi, komponiert 1948, gesungen von Susana Rinaldi. Sie wird begleitet von Juan Carlos Cuacci, der auch das Orchester dirigiert. Planet Records 1992.

20. »Nieblas del Riachuelo«

Tango von Juan Carlos Cobián und Enrique Cadícamo. Dieser wunderbare Standard wird hier vom großartigen Duo Juan Falú (Gitarre) und Marcelo Moguilevsky (Klarinette) gespielt. Er wurde im Juli 1996 live im Centro Cultural San Martín in Buenos Aires von dem unabhängigen argentinischen Label Epsa Music aufgenommen. Auf der CD *Folklore argentino: improvisaciones* 1996.

21. »La bordona«

Tango von Emilio Balcarce, gespielt vom Trio Juan José Mosalini, Gustavo Beytelmann, Patrice Caratini. Aufnahme aus dem Jahr 1983. Eine sehr gelungene moderne Version dieses Standards, der hier von drei großen Musikerpersönlichkeiten bearbeitet wurde. Indigo 1991.

DISKOGRAPHIE

Seit dem Aufkommen der Schallplatte hat es unzählige Alben, Sammlungen, Anthologien, Gesamtausgaben und Kompilationen über den Tango gegeben. Die wichtigsten wurden in Argentinien, Europa und Japan veröffentlicht. Sie sind heute vergriffen. Aber eine ganze Reihe dieser alten Einspielungen existieren als Kompilationen auf CD.

- Die vollständigste Anthologie ist zweifellos die des Labels El Bandoneon (in Barcelona), die bis Februar 2001 102 CDs umfaßte. Jede CD ist einem wichtigen Musiker oder Dichter der Geschichte des Tangos gewidmet und wird von einem detaillierten Booklet begleitet.
- Wichtig ist auch die Sammlung *Los clásicos argentinos*, veröffentlicht von der Zeitschrift *Noticias*. Jede CD hat ein vierseitiges Begleitheft mit dem Titel »El diario del tango«. Bis jetzt wurden rund 40 CDs veröffentlicht sowie ungefähr ein Dutzend CDs, die den Dichtern gewidmet sind.
- Die Gesellschaft RCA Victor (Argentinien)/BMG hat im Jahr 2000 die gesamten Einspielungen von Aníbal Troilo auf 16 CDs herausgegeben. Von RCA gibt es auch eine Box mit 5 CDs, die dem Sänger Roberto Goyeneche gewidmet ist, sowie eine Box mit 4 CDs über die Dichter.
- Die Stiftung Astor Piazzolla hat in Zusammenarbeit mit Milan mit einer »Edición Piazzolla« begonnen. Ungefähr ein Dutzend Titel sind erhältlich.

Seit der Renaissance des Tangos in den achtziger Jahren kommen fast täglich neue Platten in die Regale der Händler. Schlechte Kompilationen machen einen Großteil dieser Platten aus. Interessante CDs sind oft von schlechter Qualität, da die Matrizen der Originale beschädigt sind oder die CDs nicht mit der notwendigen Sorgfalt bearbeitet wurden. Doch es gibt einige Labels, die bei der langen und kostenintensiven Rekonstruktion der alten Aufnahmen bemerkenswerte Arbeit leisten, wie beispielsweise Frémeaux in Frankreich. In der folgenden Liste, die nur eine begrenzte Auswahl darstellt, habe ich diese berücksichtigt. Im übrigen habe ich denjenigen Alben den Vorzug gegeben, die musikalisch interessant sind und deren Begleitheft präzise Informationen über Musik und Musiker gibt. Ausgewählt wurden in Frankreich und im deutschsprachigen Raum erhältliche CDs sowie die zweier unabhängiger argentinischer Labels, die auch weiterhin Tangomusik produzieren: Melopea und Epsa. Es bleibt noch zu sagen, daß die in Argentinien erschienenen Langspielplatten – es sind mehrere tausend – nur in geringer Zahl als CD neu verlegt wurden.

Antonio Agri, *La conversación*, 1994, Melopea

Haydée Alba, *Milongas y... al tango/Borges*, 1999, Playa Sound

Haydée Alba, *L'époque tango*, 1998, Playa Sound

Tango Andorinha Sextett, *Reliquias porteñas*, Unicornio Records

Alfredo de Angelis, *Adios marinero*, El Bandoneon, CD 35

Coco Nelegatti Quinteto Arrabal, *Tango argentino*, Löwenzahn Heideck

Orquesta El Arranque, *Tango*, Vaiven/Danza y Movimiento

Artango: Metropole, 1997, Virgin

Beytelmann/Perez/Tormo, *Tango/Pedacito de cielo*, 1997, Aspic

Rodolfo Biagi, *Sis exitos con Andrés Falgás*, 1999, EMI Odeon »Reliquias«

Rodolfo Biagi y su orquesta típica, *Campo afuera*, 1994, El Bandoneon, CD 40
Bianco-Bachicha: Tangos en Paris (1926-1941), 1995, Harlequin
Eladia Blasquez, *La mirada*, 1998 (Vertrieb: Belgrano Norte)
Susana Blaszko, *Toda*, Buenos Aires, 2000, Iris Music
Buenos Aires, 2000, Iris Music
Buenos Aires 8. A puro tango, Music Hall
Buenos Aires 8: Timeless, Music Hall (Piazzolla gewidmet)
Cáceres: Sudacas, 1995, Celluloid/Mélodie
Juan Carlos Cáceres, *Tango negro*, 1998, Celluloid/Mélodie
Miguel Caló, *Al compás del corazón*, EMI Odeon »Reliquias«
Francisco Canaro, *Desde el alma*, 1996, Coleccion Reliquias DBN/EMI
Francisco Canaro y su Quinteto Pirincho, *Nobleza de Arrabal*, El Bandoneon, CD 90
Sexteto Canyengue, *Tangueros de Holanda*, 1997
Juan Carlos Carrasco et son quartet argentin, *Tangos argentins: Bandonéon et passion*, 1991, Versailles
Hugo del Carril, *El porteñito*, 1995, El Bandoneon, CD 62
Alberto Castillo, *Recuerdo*, EMI Odeon »Reliquias«
Nueva musica argentina: José Luis Castiñeira de Dios, Milan
Cuarteto Cedrón, *Apparition urbaine*, 1995, Gotan/Mélodie
La Típica: Orquesta de tango Buenos Aires-Paris (Leitung: Juan Cedrón), 2001, Gotan/Mélodie
Orquesta Color Tango, *Con estilo para bailar*, Oriente
Ignacio Corsini: »El caballero cantor«, 1994, El Bandoneon, CD 37
La Cumparsita: 20 voces inmortal, EMI
Juan D'Arienzo, *40 grandes exitos*, Blue Moon Producciones S.L.
Silvana Deluigi, *Loca*, 1999, in-akustik
Carlos Di Sarli, *Instrumental*, BMG Ariola S.A.

Carlos Di Sarli con Rufino y Podesta, *Sus promeros éxitos vol. 3*, BMG Argentina
Carlos Di Sarli y su orquesta típica, *El señor del tango*, 1994, El Bandoneon, CD 38
Edgardo Donato, *A media luz*, El Bandoneon, CD 95
Virgilio Expósito, una leyenda del tango: Antología de Virgilio y Homero Expósito, 1993, Melopea/Nuevos Medios
Leopoldo Federico y su orquesta en vivo en Japón, 1997, Discmediblau
Leopoldo Federico/Roberto Grela: Hombres de tango, 1994, Music Hall
Francini-Pontier y su orquesta típica, *A los amigos*, 1991, El Bandoneon, CD 28
Osvaldo Fresedo, *El pibe de la paternal*, 1994, El Bandoneon, CD 49
Carlos Gardel, *La cumparsita, Mi Buenos Aires querido, Volver*, 1991, RCA/BMG
Carlos Gardel: Le créateur du tango argentin, 20 succès, 1991, Forlane
Carlos Gardel: »Garçonnière, carreras, timba…«. Su obra integral vol. 8, 1990, El Bandoneon, CD 18
Carlos Gardel: »Tango argentino«. Su obra integral vol. 16, 1991, El Bandoneon, CD 26
Carlos Gardel: 38 chefs-d'oeuvre, 1996, Frémeaux
Raúl Garello y su gran orquesta, *Para bailar*, 1993, EMI
Alfredo Gobbi, *El violín romántico del tango,* 1995, El Bandoneon, CD 63
Trío Gomina: Leonardo Sanchez/Juan José Mosalini Jr./ Mauricio Angarita, 1995, Indigo
Roberto Goyeneche, *La ultima curda,* 1998, Melopea/ Nuevos Medios
Lo mejor de Roberto Goyeneche, 1992, Music Hall
Roberto »Polaco« Goyeneche cuenta y canta su historia, Vol. 1 und 2, 1999, Melopea

Roberto Goyeneche con Armando Pontier de FM Tango para Ud, RCA/BMG
Con Roberto Goyeneche/Aníbal Troilo y su orquesta, 1994, EMI
Grandes voix du tango argentin: Charlo, Corsini, Magaldi, Gomez, Vila (zwischen 1925 und 1938 in Buenos Aires entstandene Aufnahmen), 1992, MM/Virgin France
Tango pour deux guitares: Hommage à Roberto Grela, Ciro Perez & Vidal Rojas, 1995, Aspic
Pedro Laurentz con su orquesta típica, *Milonga de mis amores*, 1996, El Bandoneon, CD 82
Virginia Luque canta a Gardel (Arrangements und Leitung: Atilio Stampone), 1991, Microfón
Osmar Maderna y su orquesta típica, *Concierto en la luna*, 1994, El Bandoneon, CD 39
Osmar Maderna y su orquesta típica, *Escalas en azul 1946-1950*, 1999, El Bandoneon, CD 102
Azucena Maizani: »La ñata gaucha«, 1991, El Bandoneon, CD 27
Néstor Marconi, *Trío Gustango*, 1995, Melopea/Nuevos Medios
Néstor Marconi Trío, Leonardo Marconi & Oscar Giunta, 1996, Epsa
Prepárense: Alfredo Marcucci con Ramón Regueira, Danza y Movimiento
Rodolfo Mederos, *Las veredas de Saturno, banda original del film de Hugo Santiago,* Acqua
Milonga, *Milonga vieja*, Danza y Movimiento
El tango – mi refugio, Osvaldo Montes/Ciro Perez, 1990, Audite
Mariano Mores: Disco de oro, 1993, Movie (Brasilien)
Juan José Mosalini, *Bordoneo y 900*, Label bleu
Mosalini et son grand orchestre de tango, 1992, Indigo/Label bleu

Mosalini/Agri/Quintette/Osvaldo Caló/Leonardo Sanchez/ Roberto Tormo, 1996, Indigo/Label bleu

Mosalini/invité Antonio Agri, 1992, Indigo/Label bleu

Juan José Mosalini/Gustavo Beytelmann/Patrice Caratini, 1991, Indigo/Label bleu

Juan José Mosalini/Leonardo Sanchez, Ensemble orchestral de Basse-Normandie (Leitung: Dominique Debart), 1999, Label bleu/Indigo

Valeria Munarriz chante Jorge Luis Borges, 1991, Chant du Monde/Harmonia Mundi

Musique pour piano d'Argentine. Magali Goimard, A. Piazzolla, R. Pignoni, C. Guastavini, J. J. Castro, C. L. Buchardo, A. Ginastera, 1995, Pavane Records

Nuevo Quinteto Real, *Nuevo Quinteto Real*, WEA

Nuevo Quinteto Real, *Timeless tango*, 1996, EMI

Nuevo Quinteto Real, 1999, WEA

Ciriano Ortiz, *Conversando con el fueye*, 1994, El Bandoneon, CD 57

Palermo Trío, *Sentimiento tanguero*, 1999, Epsa

Julio Pane Trío, *A las orquestas*, 2000, Epsa

Carlos José Pérez »Charlo«, *Nostalgias*, 1996, El Bandoneon, CD 77

Astor Piazzolla: Paris 1955 (seine ersten Aufnahmen; Klavier: Martial Solal), 1996, Sono Punch Records

Astor Piazzolla, *Tanguedía de amor*, 1984, Milan (Filmusik zu *El exilio de Gardel* und *Sur*)

Astor Piazzolla, *Pulsación*, 1990, Alfa Records

Astor Piazzolla, *Hommage à Liège*, 1992, Fundación Piazzolla/Milan

Astor Piazzolla, *Luna*, 1992, Hémisphère/EMI

Astor Piazzolla, *Onda nueve*, 1992, West Wind

Astor Piazzolla, *Original sound tracks: El infierno tan temido/Armaguedon/A intrusa*, 1992, ANS Records

Astor Piazzolla, *The Lausanne Concert*, 1993, Milan/BMG

Astor Piazzolla, *The Central Park Concert*, 1994, Chesky Records

Astor Piazzolla, *Pulsación, Tres minutos con la realidad*, 1994, West Wind

Astor Piazzolla, *Chador*, 1995, Kardum

Astor Piazzolla, *Persecuta*, 1995, Kardum

Astor Piazzolla, *Muerte del angel*, 1997, Fundación Piazzolla/Milan

Astor Piazzolla, *Key works*, Music Club

Astor Piazzolla, *Original tangos*, BMG Ariola

Astor Piazzolla y su orquesta típica: 1946-1986 (2 CDs), Frémeaux

Astor Piazzolla y su quinteto, *Adíos nonino,* Trova

Astor Piazzolla y su Quinteto Tango Nuevo, *The Vienna Concert,* 1991, Messidor

Astor Piazzolla y su Quinteto Tango Nuevo, *Tristeza de un doble A*, 1991, Messidor

Astor Piazzolla/Fernando Solanas, *Sur: Una pelicula para llevar en el corazón*, Milan

Astor Piazzolla, *Concerto pour bandonéon*, Orchestre de Cambra/Teatro Lliure (Leitung: Josep Pons), 1996 (Vertrieb: Harmonia Mundi)

Piazzolla: Tres tangos. Concierto »Aconcagua«, Mika Väyrynen, Akkordeon, Kuopio Symphony Orchestra (Leitung: Atso Almila), 2000, Finlandia

Hommage à Astor Piazzolla: Ses plus beaux tangos, 1995, Editions universelles/WMD

Piazzollissimo, vol. 1: 1974-1975, vol. 2: 1977-1978, vol. 3: 1979-1983, 1991, Just a memory Records, Montreal

Adrien Politi, *Couleur absence*, 1997, AP Records

Osvaldo Pugliese, *Ausencia*, 1995, EMI Odeon Argentina

Osvaldo Pugliese, *From Argentina to the world*, EMI Odeon Argentina

Osvaldo Pugliese, Coleccion, EMI

Osvaldo Pugliese en el Teatro Colón de Buenos Aires, 1987, EMI

Susana Rinaldi, 1992, Planet Records
Susana Rinaldi en el San Martín (2 CDs), 1994 (produziert vom Teatro San Martín, Buenos Aires)
Lo mejor de Edmundo Rivero, 1994, Music Hall
Enrique Rodriguez y su orquesta típica, *1939-1946*, El Bandoneon, CD 101
Sandra Rumolino: Tango/Automne (Vetrieb: La Bastide Castel Amouroux, Paris)
Horacio Salgán y su orquesta típica, *1950-1954/Canta Roberto Goyeneche*, 1994, El Bandoneon, CD 42
Salgán/de Lío, *Mano brava*, 1991, Milan Sur/BMG
Dino Saluzzi, *Andina*, 1988, ECM
Florindo Sassone y su gran orquesta, *Tangos de oro*, Epsa Music S.A.
Sexteto Mayor, *Trottoirs de Buenos Aires*, 1995, Net Work
Mercedes Simone: La dama del tango, 1993, El Bandoneon, CD 33
Julio Sosa, *El varón del tango*, 1994, El Bandoneon, CD 56
Anja Stöhr, *Baladas para el tango*, Danza y Movimiento
César Stroscio/Claudio Enriquez/Hubert Tissier, *Musiques du Río de La Plata*, Buda
Esquina: César Stroscio, 1994, Maso
History of tango (2 CDs), 1997, Music Hall
The story of tango, 1997, Hémisphère/EMI
Tango (Box mit 2 CDs), 2001, Frémeaux
Tango instrumentales, *Para bailar*, Danza y Movimiento
Tango: Le tango à Paris, 1907-1941, 1993, Frémeaux
Tangos para aficionados, vol. 1: Rioplatensian tango in the fifties (1930-1945), Phomastik
Tangos para aficionados, vol. 2: Rioplatensian tango in the fifties (1930-1945), Phomastik
Les 100 plus beaux tangos du monde (4 CDs), 2000, Virgin
Tango for 3 & Per Arne Glorvigen, *¿Tango?*, 1999, Major
Tango Real Quartett, *Inspiration*, Weltwunder Records
Tangofón: Gomina, Celluloid/Mélodie

Tangoneon (Olivier Manoury, Bandoneon; Enrique Pascual, Klavier; Jorge Trassante, Perkussion), 1991, Auvidis/Naïve

Titango: I tango you, 2000, Danza y Movimiento

Aníbal Troilo, *Quejas de bandoneón*, 1995, El Bandoneon, CD 67

Aníbal Troilo y su orquesta típica, *El inmortal »Pichuco«*, El Bandoneon, CD 1

Aníbal Troilo/Roberto Grela, *Taconeando,* 1994, Music Hall

Aníbal Troilo con Alberto Marino, *Cuando tallan los recuerdos*, 1994, El Bandoneon, CD 55

Aníbal Troilo/Edmundo Rivero, *Sur*, 1995, El Bandoneon, CD 61

Con Roberto Goyeneche/Aníbal Troilo y su orquesta, 1994, EMI

Aníbal Troilo/Roberto Grela y su cuarteto típico, 1994, RCA/BMG

Trottoirs de Buenos Aires: Tangos d'Edgardo Cantón, Julio Cortázar, cantados por Juan Cedrón, 1995, Epsa

Valsecito de Antes, *Valsecitos vol. 1*, Danza y Movimiento

Elvino Vardaro, *El violín mayor del tango 1928-1943*, 1998, El Bandoneon, CD 94

Adriana Varela, *Corazones perversos*, 1994, Melopea

Los grandes exitos de Hector Varela, Columbia/Sony Music

Orquesta típica Victor: 1925-1934, 1994, El Bandoneon, CD 41

Orquesta típica Victor: 1926-1931, 1996, Harlequin

URUGUAY

René Marino Rivero, *Bandoneon pure: Dances of Uruguay*, 1993, Smithsonian Folkways, International Institute of Traditional Music, Washington DC

Uruguay: Tambores del candombe, aufgenommen von Mirta Pozzi und Pablo Cueco, Buda

TÜRKEI

Ibrahim Özgür and the Park Hotel Orchestra, *Tangolar: The bel ami of Turkish tango*, Oriente musik, 1999

FINNLAND

Markus Allan, *Tangon kotimaa on elon retki näin*, 1996, Laika

Eino Grön, *Sininen ja valkoinen, Leopoldo Federico Tango-Fazer Finnlevy, 1990*

Olavi Virta, *Kootut levyt OSA-26/1958*, 1990, Helmi

Olavi Virta, *Kootut levyt OSA-29/1962-1966*, 1993, Helmi

BIBLIOGRAPHIE

DEUTSCHSPRACHIGE TITEL

Allebrand, Raimund: *Tango. Nostalgie und Abschied*, Bad Honnef 1998 (Buch und CD).

Birkenstock, Arne/Ruegg, Helena: *Tango. Geschichte und Geschichten*, München 2001.

Buntenbach, Jörg/Hesse, Jörg: *Tango Metropole Berlin*, München 2001.

Castro, Mauricio: *Tango. Die Struktur des Tanzes*, Stuttgart 2000.

Gorin, Natalio: *Astor Piazzolla. Erinnerungen*, Berlin 2000.

Nau-Klapwijk, Nicole: *Tango Dimensionen*, München 1999.

Reichardt, Dieter: *Tango. Verweigerung und Trauer. Kontexte und Texte*, Frankfurt 1981.

Salas, Horacio: *Der Tango*, Stuttgart 2002.

Sartori, Ralf: *Tango. Tanz der Herzen*, Wangen 1998.

Sartori, Ralf/Steidl, Petra: *Tango. Die einende Kraft des tanzenden Eros*, München 1999.

Voß, Arnold/Kraemer, Brigitte: *Aus dem Bauch des Tangos*, Herne 1999.

FRANZÖSISCHSPRACHIGE TITEL

Bernand, Carmen: *Histoire de Buenos Aires*, Paris 1997.
Bourdé, Guy: *Urbanisation et immigration en Amérique latine*, Buenos Aires; Aubier Montaigne, Paris 1974.
Carpentier, Alejo: *La musique à Cuba*, Paris 1985.
Collier, James Lincoln: *L'aventure du jazz* (2 Bde.), Paris 1981.
Dojovne Ortiz, Alicia: *Buenos Aires,* Paris 1984.
Eichelbaum, Edmundo: *L'âge d'or du tango: Carlos Gardel*, Paris 1984.
Fléouter, Claude: *Le tango de Buenos Aires,* Paris 1979.
Humbert, Béatrice, *Le tango à Paris de 1905 à 1920,* Paris-VIII 1988.
Monette, Pierre: *Le guide du tango*, Montreal 1992.
Pasquier, Marcel: *Bandonéon et tango: Histoire descriptive d'un merveilleux instrument* (1999, unveröffentlicht).
Pelinski, Ramón: *Tango nomade*, Montreal 1995.
Plisson, Michel: »Les musiques d'Amérique latine et leurs réseaux communautaires en France«, *Les musiques du monde en question*, Arles/Paris 1999.
Plisson, Michel: »Systèmes rythmiques, métissages et enjeux symboliques des musiques d'Amérique latine«, *Cahiers de musiques traditionnelles*, Nr. 13, »Métissages«, Genève 2000.
Sem: *La ronde de nuit*, Paris 1912.
Le tango: Hommage à Carlos Gardel, colloque international de Toulouse, Université de Toulouse-Le Mirail, Toulouse 1985.
Thomas, Jean-Luc: *Chemins de tango*, Biarritz 1998.
Weiland, Alexandra: *Le tango à Paris*, Paris 1996.
Yurkevich, Saúl: *Tango: Une anthologie*, Paris 1988.
Zalko, Nardo: *Un siècle de tango*, Paris 1998.

SPANISCHSPRACHIGE TITEL

Andrews, George Reid: *Los Afroargentinos de Buenos Aires,* Buenos Aires 1989.

Antología del tango rioplatense, Secretaría de Estado de Cultura, Instituto Nacional de Musicología Carlos Vega (Box mit zwei LPs und Booklet, betreut von Jorge Novati und Ines Cuello), Buenos Aires 1980.

Assunção, Fernando O.: *El tango y sus circunstancias,* Buenos Aires 1984.

Ayestarán, Lauro: *La música en el Uruguay vol. 1*, Servicio oficial de difusión radio eléctrica, Montevideo 1953.

Barcia, José: *Tangos, tangueros y tangocosas,* Buenos Aires 1976.

Borges, Jorge Luis: *Evaristo Carriego*, Buenos Aires/Paris, 1969.

Borges, Jorge Luis/Clemente, José E.: *El lenguaje de Buenos Aires*, Buenos Aires 1960.

Cabrera, Lydia: *Vocabulario congo: El bantú que se habla en Cuba*, Miami 1984.

De Caro, Julio: *El tango en mis recuerdos,* Buenos Aires 1964.

De Studer, Elena F. S.: *La trata de negros en el Río de la Plata durante el siglo XVIII*, Montevideo 1984.

Ferreira, Luis: *Los tambores de candombe* (Fondo Nacional de Música), Montevideo 1997.

Ferrer, Horacio: *El libro del tango*, Buenos Aires 1980.

Ferrer, Horacio/Del Priore, Oscar: *Inventario del tango* (2 Bde.), Buenos Aires 1999.

Garcia Jimenez, Francisco, *Asi nacierón los tangos*, Buenos Aires 1997.

Gobello, José: *Crónica general del tango*, Buenos Aires 1980.

Gobello, José: *Breve historia crítica del tango*, Buenos Aires 1999.

Gobello, José: *Nuevo diccionario lunfardo*, Buenos Aires 1999.

Kuri, Carlos: *Piazzolla: La música limite*, Buenos Aires 1997.
Labrana, Luis/Sebastian, Ana: *Introducción a la historia del tango*, Buenos Aires 1988.
La historia del tango (23 Bde.), Buenos Aires 1976.
Legido, Juan Carlos: *La orilla oriental del tango*, Montevideo 1994.
Lynch Ventura, R.: *Folklore bonaenrense*, Buenos Aires 1953.
Matamoro, Blas: *La ciudad del tango,* Galerna 1969.
Natale, Oscar: *Buenos Aires, negros y tangos*, Buenos Aires 1984.
Oderigo, Nestor Ortiz: *Aspectos de cultura africana en el Río de la Plata,* Buenos Aires 1974.
Piazzolla, Diana: *Astor*, Buenos Aires 1987.
Pucchia, Enrique Horacio: *El Buenos Aires de Angel Villoldo*, Buenos Aires 1997.
Rivero, Edmundo: *Una luz de almacén: el lunfardo y yo*, Buenos Aires 1982.
Rodriguez Molas, Ricardo: »Negros libros rioplatenses«, *Revista de humanidades*, 1. Jahrgang, Buenos Aires 1996.
Rossi, Vicente: *Cosas de negros*, Buenos Aires 1958.
Rossler, Osvaldo: *Buenos Aires, dos por cuatro*, Buenos Aires 1967.
Rugnon, Mirna/Guzman, Clemencia: *Che Gardel, no sos argentino, un gran secreto*, Santa Fe de Bogota 1995.
Russo, Juan Angel: *Letras de tango*, Basilico, Buenos Aires 1999.
Sábato, Ernesto: *Discusión y clave*, Buenos Aires 1965.
Sierra, Luis Adolfo: *Historia de la orquesta típica: evolución instrumental del tango*, Buenos Aires 1997.
Vega, Carlos: *Danzas y canciones argentinas, teorias e investigaciones*, Buenos Aires 1936.
Vidart, Daniel: *El tango y su munde*, Montevideo 1967.
Zucchi, Oscar: *El tango, el bandoneón y sus intérpretes, vol. 1*, Buenos Aires 1998.

BILDLEGENDEN

1 Tango im Morgenlicht auf der Plaza Dorrego.
2 Oben links: Eine der ersten Notenschriften, auf der das Wort »Tango« erscheint (Montevideo 1862); Klavierauszug einer spanischen Operette (*zarzuela*).
Oben rechts: *Bailongo* (Schwof), Zeichnung von Fernando Guibert.
Unten: *Conventillos* in Buenos Aires, Anfang des 20. Jahrhunderts.
3 Oben: Karikatur des *tango negro*.
Unten: Vom Pampatanz zum Tango; aus der Zeitschrift *Caras y caretas*.
4 José Ovidio Bianquet »El Cachafáz« und Carmelita Calderón.
5 Das Paar Elvira/Virulazo der Truppe Tango Argentino (Paris, 1983).
6 Carlos Gardel und seine Toulouser Familie.
7 El Zorzal.
8 Oben: Typisches *cuarteto* am Anfang des 20. Jahrhunderts: Ciro Marchengo (Gitarre), Pepe Guerriero (Querflöte), Luis Guerriero (Geige), Juan Maglio Pacho (Bandoneon).
Unten: Das Quinteto Real in den sechziger Jahren: Horacio Salgán (Klavier), Ubaldo de Lío (Gitarre), Enrique Mario Francini (Geige), Pedro Laurenz (Bandoneon), Rafael Ferro (Kontrabaß).
9 Oben: Aníbal Troilo und sein *orquesta típica*.
Unten: *Orquesta típica* von Rodolfo Biagi, um 1940.
10 Im Stadtviertel La Boca (Juli 2000).
11 Im Stadtviertel San Telmo.

12 Notenschrift von 1931.
13 Tango in der Belle Epoque. Tanztruppe Tango Argentino (Paris, 1983).
14 Astor Piazzolla während eines Konzerts.
15 Roberto Goyeneche »El Polaco« bei einem Auftritt.
16 Ricardo y Nicole.

BILDNACHWEIS

Agence Hoa Qui/C. Vaisse: 11
Pepe Fernandez: 5, 6, 13, 14, 15
Michel Plisson: 1, 10
D. R.: 2 oben links, 2 unten, 3 oben, 3 unten, 4, 7, 8 oben, 8 unten, 9 oben, 9 unten, 12
Ricardo y Nicole: 16
Fernando Guibert: 2 oben rechts

SERVICETEIL

Academia Nacional del Tango de Alemania
Deutsche Akademie des Tangos
(Deutschland Sektion der National Akademie des Tangos/ Argentinien), Hohenstaufenstr. 19, 70178 Stuttgart, Tel. 0711/6074960, Fax 0711/6074962
www.academia-del-tango.de

Tango-Werkstatt Regensburg, Tannenstr. 10, 93152 Undorf, Tel. 09404/2176, Fax 09404/5793
www.tango-werkstatt.com

TANGO-ZEITSCHRIFTEN

Tangodanza, Buddestr. 1a, Postfach 101410, 33514 Bielefeld, Tel. 0521/5213850, contact@tangodanza.de
www.tangodanza.de
(erscheint viermal im Jahr bundesweit, je ca. 80 Seiten mit umfangreichen Informationen rund um den Tango, Einzelheft 7 Euro)

Boletin del Tango, Tarlo-Verlag Lothar Staudacher, Wulffstr. 11, 12165 Berlin, Tel. 030/7971759, http://home.snafu.de/tarlo
(erscheint dreimal im Jahr bundesweit, je ca. 24 Seiten, Einzelheft 6,50 Euro)

TANGO-INFOS IM INTERNET

www.cyber-tango.com
www.cybertango.de

www.tangodanza.de
www.tangoberlin.de
www.tangomuenchen.de
www.cyber-tango.com/tangoffm.html (Frankfurt)
www.canyengue.de (Hamburg)
www.tango-koeln.de
www.saludo.de
www.argentinische-botschaft.de (u.a. Kulturkalender mit Tango-Veranstaltungen)
www.tango.ch
www.swisstango.ch
www.tango.almargo.at
www.abrazosbooks.com (Bücher zum Thema Tango)
www.abctango.com
www.todotango.com
www.ricardonicole.com
www.corregidor.com (Ediciones Corregidor; auf Tango spezialisierter Verlag aus Buenos Aires)
www.tangocity.com (USA)
www.piazzolla.org

TANGO-REISEN

Tangotours, Windeckstr. 52, 60314 Frankfurt, Tel. 069/48003985, tangotours@t-online.de, www.tangotours.de

La Milonga-Tangoreisen, Stader Str. 35, 28205 Bremen, Tel. 0421/442284, www.lamilonga.de

La Rogaia, Castel Rigone, I-06065 Passignano s.T., Tel. 0039/075845457, info@larogaia.de, www.larogaia.de

Tangodanza Reisen, Buddestr. 1a, Postfach 101410, 33514 Bielefeld, Tel. 0521/5213850, reisen@tangodanza.de

TANGO-MODE

Rosa, Wissmannstr. 4, 12049 Berlin, Tel. 030/6224200, rosa@tangomode.de, www.tangomode.de

TANGO-SCHUHE

Zapatos de Baile, Wissmannstr. 4, 12049 Berlin, Tel. 030/62720147, www.zapatosdebaile.de

Maison de la Danse, Pestalozzistr. 43, 10627 Berlin, Tel. 030/3232043, www.maisondeladanse.de

Valerie Agresti, Kleiststr. 3, 65187 Wiesbaden, Tel. 0611/808118, Fax 0611/846101

Amor de Tango, Klingenthalgraben 27, CH-4057 Basel, Tel. 0041/61/6924874, www.amor-de-tango.com

TANGO-CDS

Danza y Movimiento, Neanderstr. 41, 20327 Hamburg, Tel. 040/340328, info@dym.de, www.dym.de

TANGOTANZEN UND -LERNEN

DEUTSCHLAND
(alphabetisch nach Städten geordnet)

Kervansaray, Sailerstr. 5, 86153 Augsburg, Tel. 0821/156841

Tangosalon Checkpoint am Spittelmarkt, Leipziger Str. 55, 10117 Berlin, Tel. 030/2082995

Bebop, Mehringdamm 33, 10961 Berlin, Tel. 030/2621853

Walzerlinksgestrickt, Am Tempelhofer Berg 7d, 10965 Berlin, Tel. 030/69505000

Tangobar Haus der Sinne, Ystader Str. 10, 10437 Berlin, Tel. 030/44049155

TanzArt, Hasenheide 54, 12047 Berlin, Tel. 030/6936109

Tangonacht, Ballhaus Rixdorf, Kottbusser Damm 76, 10967 Berlin, Tel. 030/44047195 oder 44017406

Tangocafé bailongo, Böckhstr. 21, 12101 Berlin, Tel. 030/6948430

¡TangoVivo!, Mehringdamm 33 (Aufgang III), 10961 Berlin, Tel. 030/6919328, www.tangovivo-berlin.de

Estudio Sudamerica, Brunnenstr. 181, 10119 Berlin, Tel. 030/2823952

Tangobar b-flat, Rosenthaler Str. 13, 13127 Berlin, Tel. 030/78704191

Tangosalon FZZ Stieghorst, Glatzer Str. 21, 33605 Bielefeld, www.tango-owl.de

La Boca, Nehringskamp 1, 44879 Bochum, Tel. 0234/9490933

Tango-Connection Brunsviga, Karlstr. 35, 38106 Braunschweig, Tel. 0531/334094

La Milonga, Stader Str. 35, 28205 Bremen, Tel. 0421/442284, www.lamilonga.de

La Cita, Grundstr. 10, 28203 Bremen, Tel. 0421/706593

Tango Salon ego-Wohlfühlhaus, Königsbrücker Landstr. 7a, 01109 Dresden, Tel. 0351/8802000

Academia de Tango terranova, Mörfelder Landstr. 64, 60598 Frankfurt, academia@fabiana.de

Tango in der Fabrik, Habsburger Str. 9, 79104 Freiburg, Tel. 0761/700080, www.tangofabrik.de

Universo Tango, Beim Grünen Jäger 6a, 20359 Hamburg, Tel. 040/4306168, www.universotango.de

Tango Al Puerto, Bernhard-Nocht-Str. 12, 20359 Hamburg, Tel. 040/39198699

Tango Gotan, Lerchenstr. 16b, 22767 Hamburg, Tel. 040/8513966, www.tango-gotan.de

La Yumba, Kastanienallee 9, 20359 Hamburg, Tel. 040/7212119

Tango Milieu, Leinaustr./Ecke Berdingstr., 30451 Hannover, Tel. 0511/440202, www.tango-milieu.de

Tango Mio, Plathnerstr. 5 b, 30175 Hannover, Tel. 0511/2833200, tangomio@web.de

CondeTango, Hauptstr. 190 (Eingang Apothekergasse), 69117 Heidelberg, Tel. 06221/602070, www.condetango.de

Milonga Walhalla/El Greco, Augartenstr. 27, 76137 Karlsruhe, Tel. 0721/9375393

Tango zero, Sandershäuser Str. 77, 34117 Kassel, Tel. 0561/711321

Estudio Latinoamérica, Sophienblatt 88-90, 24114 Kiel, Tel. 0431/676705, www.estudio-kiel.de

DonTangoClub, Krefelder Str. 18, 50670 Köln, Tel. 0221/7327669, www.tango-cologne.de

L.tango e.V., Tangofabrik, Spinnereistr. 7 (Alte Salzstr. Tor XI), 04179 Leipzig, Tel. 0341/2127111, www.l-tango.de

Taverna Odysee, Bad Kreuther Str. 8, 81667 München, Tel. 089/2013782

Al Andaluz, Dachauer Str. 36/38, 80637 München, Tel. 089/7253385 oder 35099957

El Corazon, Lachnerstr. 38, 80469 München, Tel. 089/20232673

¡LiberTango!, Kulturetage, Bahnhofstr. 11, 26122 Oldenburg, Tel. 0441/9572807, www.saludo.de/libertango

Piesberger Gesellschaftshaus/Tango Fuego, Glückaufstr. 1, 49090 Osnabrück, Tel. 0541/441213, www.tangofuego.de

Tango im Fluss, Gesandtenstr. 6-8 (Pustetpassage Untergeschoß), 93055 Regensburg, Tel. 0941/401625

Tango-Werkstatt, Puricellistr. 40, 93049 Regensburg, Tel. 09404/2176, www.tango-werkstatt.com

Ocho, Böblingerstr. 26 A (Nähe Marienplatz), 70178 Stuttgart, Tel. 0711/583411, www.ocho.de

La República del Tango, Stuttgarter Str. 15, 70469 Stuttgart, Tel. 0711/5860712

El Embrujo, Breitscheidstr. 44a (Hinterhof), 70176 Stuttgart, Tel. 0711/9933339, info@el-embrujo.de, www.el-embrujo.de

Tango Vorstadt, Christophstr. 40/42 (Heusteigviertel), 70180 Stuttgart, Tel. 0711/6402039

Tango Dialogo Westbahnhof, Ecke Westbahnhofstr./ Schleifmühleweg (Eingang vom Bahnsteig 1), 72072 Tübingen, Tel. 07071/368863

Tango Bohemio, Provenceweg 22, 72070 Tübingen, Tel. 0177/2773774

Café Ada, Wiesenstr. 6, 42105 Wuppertal, Tel. 0202/452715

Café Central, Hofaue 59, 42103 Wuppertal, Tel. 0202/305857, tangocarsten@gmx.de

SCHWEIZ

Tangopalast, Tanzpalast, Güterstr. 82, CH-4053 Basel, Tel. 0041/61/2711237, www.tangobasel.com

Club Viento Sur, Lerchenweg 33, CH-3014 Bern, Tel. 0041/31/3055060

Club Almacén, Altes Lagerhaus, Davidstr. 42, CH-9000 St. Gallen, Tel. 0041/71/2220158

Garufa Tangobar, Pfingstweidstr. 10, CH-8003 Zürich, Tel. 0041/79/340768

Club Silbando, Geroldstr. 5, CH-8005 Zürich, Tel. 0041/1/2716264, www.tango.ch

MILONGA tanGOtra, Pfingstweidstr. 12 (VULKARO), CH-8005 Zürich, Tel 0041/1/4629981

ATZ-danceHall, Binzmühlestr. 81, CH-8060 Zürich, Tel. 0041/1/4934732

ÖSTERREICH

Ballhaus, Quellenstr. 47, A-6900 Bregenz, Tel. 0043/5574/44367, www.tangissimo.net

Ballettschule Haindl, Haydngasse 10, A-8010 Graz, Tel. 0043/676/550927

Theatercafé, Mandellstr. 11, A-8020 Graz, Tel. 0043/676/5509272, Tango.GRAZioso@info-graz.at

Tango Aqui, Dirnham 2, A-5221 Lochen (Salzburg), Tel. 0043/77/458783

Cheek2Cheek, Lange Gasse 50, A-1130 Wien, Tel. 0043/1/4054768

Angel Blanco, Studio Barada, Robert Hamerlinggasse 1, A-1010 Wien, Tel. 0043/699/11328045, helmuthreiter@hotmail.com

REGISTER

Weitere Musikbücher im
PALMYRA VERLAG

Miles (Hg.)
Frank Zappa – In eigenen Worten
Vorwort von Václav Havel
Aus dem Amerikanischen von Kathrin Razum
144 Seiten · 16 Schwarzweißfotos · 13,5 x 21 cm · Gebunden
€ 14,90 (D) · € 15,40 (A) · SFr 27,10 · ISBN 3-930378-08-6
»Das Buch ist eine Offenbarung!«/Norddeutscher Rundfunk

Michael Heatley (Hg.)
Neil Young – In eigenen Worten
Aus dem Amerikanischen von Torsten Waack
146 Seiten · 16 Schwarzweißfotos · 13,5 x 21 cm · Gebunden
€ 14,90 (D) · € 15,40 (A) · SFr 27,10 · ISBN 3-930378-14-0
»Das Buch präsentiert den Künstler offen und ehrlich. Daß es sorgfältig editiert ist und über eine ausführliche Diskographie und viele Fotos verfügt, gehört beim Palmyra Verlag zum gewohnten Standard.«/Saarländischer Rundfunk

David Dalton/Mick Farren (Hg.)
The Rolling Stones – In eigenen Worten
Aus dem Englischen von Torsten Waack
2. Auflage · 260 Seiten · 22 Schwarzweißfotos · 13,5 x 21 cm
Gebunden · € 1 ,90 (D) · € 18,40 (A) · SFr 32,50
ISBN 3-930378- 4-3
Erstmals kommen in einer einzigen Veröffentlichung alle Stones-Mitglieder zu Wort.
»Ein Werk, das anders ist als all die anderen.«/Abendzeitung (München)

Miles (Hg.)
John Lennon – In eigenen Worten
Aus dem Englischen von Kathrin Razum
140 Seiten · 16 Schwarzweißfotos · 13,5 x 21 cm · Gebunden
€ 14,90 (D) · € 15,40 (A) · SFr 27,10 · ISBN 3-930378-10-8

»Ein spannendes Selbstportrait und unbedingtes Muß für jeden Lennon- und Beatlesfan.«/Musikwoche

John Duffy (Hg.)
Bruce Springsteen – In eigenen Worten
Vorwort von Wolfgang Niedecken
Aus dem Amerikanischen von Sylke Wintzer und Peter Dürr
152 Seiten · 16 Schwarzweißfotos · 13,5 x 21 cm · Gebunden
€ 14,90 (D) · € 15,40 (A) · SFr 27,10 · ISBN 3-930378-27-2
»Das Buch hält, was der Titel verspricht. Wirklich empfehlenswert.«/Musix – Das Konzertmagazin
»Ein abgerundetes Portrait über Springsteens Leben und seine Musik.«/Informationsdienst der Einkaufszentrale für öffentliche Bibliotheken

Pearce Marchbank/Mick Farren (Hg.)
Elvis Presley – In eigenen Worten
Vorwort von The King
Aus dem Amerikanischen von Ursula Damm
144 Seiten · 90 Schwarzweißfotos · 13,5 x 21 cm · Gebunden
€ 17,90 (D) · € 18,40 (A) · SFr 32,50 · ISBN 3-930378-32-9
»Gemessen an heutigen Superstars hat Elvis viel mehr gesungen als geredet – das macht seine wenigen Worte in diesem Buch so wertvoll.«/SWR Fernsehen (Nachtkultur)
»Was Sie schon immer über den Jahrhundertstar wissen wollten, erfahren Sie in diesem Buch.«/Wieland Backes (SWR Fernsehen)

Ian McCann (Hg.)
Bob Marley – In eigenen Worten
Vorwort von Max Herre
Aus dem Englischen von Ursula Damm
128 Seiten · 16 Schwarzweißfotos · 13,5 x 21 cm · Gebunden
€ 14,90 (D) · € 15,40 (A) · SFr 27,10 · ISBN 3-930378-29-9
»Für Fans der Reggae-Ikone ist das Buch mit größter Sicherheit ein Volltreffer.« /Musikexpress/Sounds
»Die lockere Sammlung von Zitaten ist ein unanstrengender Weg, Marleys Weltsicht kennenzulernen.«/WOM Journal

Susan Black (Hg.)
Bono und U2 – In eigenen Worten
Aus dem Englischen von Ursula Damm
192 Seiten · 20 Schwarzweißfotos · 13,5 x 21 cm · Gebunden
€ 17,90 (D) · € 18,40 (A) · SFr 32,50· ISBN 3-930378-33-7
»Als Lesestoff und erst recht natürlich als Fundgrube für den fortgeschrittenen Fan darf diese Zitatensammlung gern als unverzichtbar gelten.«/Musikexpress/Sounds
»Das Buch ist eine Fundgrube, akribisch zusammengestellt und authentisch.«/Leipziger Volkszeitung

Andrew Doe/John Tobler (Hg.)
The Doors – In eigenen Worten
Vorwort von Heinz Rudolf Kunze
Aus dem Amerikanischen von Clemens Brunn
136 Seiten · 20 Schwarzweißfotos · 13,5 x 21 cm · Gebunden
€ 17,90 (D) · € 18,40 (A) · SFr 32,50 · ISBN 3-930378-35-3
»Dieses Buch bietet dem Fan alles, was er über die Band wissen möchte – ein komplettes Bild der Doors.«/Radio Freiburg

Jim Devlin (Hg.)
Leonard Cohen – In eigenen Worten
Aus dem Amerikanischen von Clemens Brunn
182 Seiten · 18 Schwarzweißfotos · 13,5 x 21 cm · Gebunden
€ 17,90 (D) · € 18,40 (A) · SFr 32,50 · ISBN 3-930378-41-8
»In eigenen Worten« erzählt Leonard Cohen in diesem Buch über sein Leben und seine Musik. Als einzige Publikation von und über Cohen enthält es seine wichtigsten Äußerungen aus Interviews und Pressekonferenzen; ein beeindruckendes Portrait.

Peter Hogan (Hg.)
R.E.M. – In eigenen Worten
Aus dem Amerikanischen von Sylke Wintzer
128 Seiten · 16 Schwarzweißfotos · 13,5 x 21 cm · Gebunden
€ 14,90 (D) · € 15,40 (A) · SFr 27,10 · ISBN 3-930378-17-5
»Der Palmyra Verlag hat auch bei der Fotoauswahl ein hervorragendes Händchen bewiesen.«/Rockzentrale Franken

Nick Wise (Hg.)
Nirvana · Kurt Cobain · Courtney Love – In eigenen Worten
Aus dem Amerikanischen von Kathrin Razum
140 Seiten · 16 Schwarzweißfotos · 13,5 x 21 cm · Gebunden
€ 14,90 (D) · € 15,40 (A) · SFr 27,10 · ISBN 3-930378-12-4
»Wises Buch zerrt die bittere Wahrheit hinter Nirvanas Erfolgsstory ans Licht.«/Westdeutsche Allgemeine

Mick St. Michael (Hg.)
Madonna – In eigenen Worten
Vorwort von Sabrina Setlur
Aus dem Amerikanischen von Clemens Brunn
140 Seiten · 16 Schwarzweißfotos · 13,5 x 21 cm · Gebunden
€ 17,90 (D) · € 18,40 (A) · SFr 32,50 · ISBN 3-930378-37-X
»Die Auswahl der diversen Zitate ist clever und zeigt die Facetten des Superstars.«/Oldie-Markt

Christian Williams (Hg.)
Bob Dylan – In eigenen Worten
Vorwort von Bono
Aus dem Amerikanischen von Clemens Brunn
170 Seiten · 24 Schwarzweißfotos · 13,5 x 21 cm · Gebunden
€ 17,90 (D) · € 18,40 (A) · SFr 32,50 · ISBN 3-930378-34-5
»Ein höchst anregendes Mosaik aus Dylans Selbstaussagen von den sechziger Jahren bis heute.«/Die Woche
»Ein ausgezeichnetes Buch über Bob Dylan.«/SWR Fernsehen

Paul Williams
Like A Rolling Stone – Die Musik von Bob Dylan, 1960-1973
Aus dem Amerikanischen von Kathrin Razum
472 Seiten · 16 Schwarzweißfotos · 13,5 x 21 cm · Gebunden
€ 24,90 (D) · € 25,60 (A) · SFr 44,50 · ISBN 3-930378-01-9
»Das definitive Buch über Dylans Kunst.«/Siegfried Schmidt-Joos (Sender Freies Berlin)

Paul Williams
Forever Young – Die Musik von Bob Dylan, 1974-1986
Vorwort von Günter Amendt
Aus dem Amerikanischen von Kathrin Razum
520 Seiten · 16 Schwarzweißfotos · 13,5 x 21 cm · Gebunden

€ 28,- (D) · € 28,80 (A) · SFr 49,80 · ISBN 3-930378-05-1
»Faszinierend und unverzichtbar.«/Rolling Stone (Deutsche Ausgabe)

Georg Stein
Bob Dylan – Temples In Flames
Vorwort von Wolfgang Niedecken
Text von Martin Schäfer
96 Seiten · 70 Farb- und Schwarzweißfotos · 24 x 22 cm
Gebunden · Kunstdruckpapier
€ 12,- (D) · € 12,40 (A) · SFr 22,- · ISBN 3-9802298-0-7
»Stein sind zweifellos Fotos von ganz besonderer Aussagekraft gelungen.«/tip (Berlin)

Bob Seymore
THE END – Der Tod von Jim Morrison
Aus dem Englischen von Kathrin Razum
2. Auflage · 166 Seiten · 16 Schwarzweißfotos · 13,5 x 21 cm
Gebunden · € 14,90 (D) · € 15,40 (A) · SFr 27,10
ISBN 3-9802298-7-4
THE END beschreibt erstmals seriös und umfassend die Hintergründe von Jim Morrisons Tod.
»Spannend wie ein Krimi.«/dpa

Jethro Tull Songbook
3. Auflage · 592 Seiten · 17 Schwarzweißfotos · 17 x 24 cm
Gebunden · € 29,90 (D) · € 30,80 (A) · SFr 53,-
ISBN 3-9802298-5-8
Das Buch enthält die kompletten autorisierten Songtexte (englisch-deutsch), persönliche Kommentare von Ian Anderson und bislang unveröffentlichte Fotos. Das Songbook ist auch in einer rein englischen Ausgabe erhältlich.
»Ein Prachtband in einer guten deutschen Übersetzung.«/Berliner Morgenpost

B.B. King mit David Ritz
Ein Leben mit dem Blues – Die Autobiographie
Vorwort von Udo Wolff
Aus dem Amerikanischen von Sylke Wintzer
380 Seiten · 17 Schwarzweißfotos · 13,5 x 21 cm · Gebunden

€ 24,90 (D) · € 25,60 (A) · SFr 44,50 · ISBN 3-930378-19-1
»Das Buch überzeugt in jeder Hinsicht.«/Musikwoche
»Ein wirklich tolles Buch!«/Jazz Radio Berlin

Johnny Cash mit Patrick Carr
Cash – Die Autobiographie
Vorwort von Kris Kristofferson
Aus dem Amerikanischen von Sylke Wintzer und Peter Dürr
390 Seiten · 19 Schwarzweißfotos · 13,5 x 21 cm · Gebunden
€ 24,90 (D) · € 25,60 (A) · SFr 44,50 · ISBN 3-930378-23-X
»Der große Johnny Cash erzählt die Geschichte seiner sieben Leben; ein Buch, das man nicht mehr aus der Hand legen mag: ehrlich, kraftvoll, weise.«/Musikexpress/Sounds
»Johnny Cash ist die berühmteste Stimme Amerikas.«/Frankfurter Rundschau

Nick Johnstone
Patti Smith – Die Biographie
Vorwort von Inga Rumpf
Aus dem Englischen von Michael Schiffmann
296 Seiten · 31 Schwarzweißfotos · 13,5 x 21 cm · Gebunden
€ 24,90 (D) · € 25,60 (A) · SFr 44,50 · ISBN 3-930378-26-4
»Johnstone erreicht bisweilen eine analytische Schärfe, die an Paul Williams' Werke über Bob Dylan gemahnt.«/Musikexpress/Sounds
»Kenntnisreich berichtet Johnstone und breitet bewandert viel Musikgeschichtliches aus.«/Frankfurter Allgemeine Zeitung

Maya Roy
Buena Vista – Die Musik Kubas
Vorwort von Compay Segundo
Aus dem Französischen von Maximilien Vogel
Gratis-CD · Glossar · 256 Seiten · 26 Farb- und Schwarzweißfotos · 13,5 x 21 cm · Gebunden · € 22,- (D) · € 22,70 (A)
SFr 39,50 · ISBN 3-930378-30-2
»Ein wahres Standardwerk zum Thema.«/Musikexpress/Sounds
»Ein äußerst kenntnisreiches und detailversessenes Buch, das nichts zu wünschen übrig läßt.«/Radio Bremen

Bernard Leblon
Flamenco
Vorwort von Paco de Lucía
Aus dem Französischen von Maximilien Vogel
Gratis-CD · Glossar · Register · 212 Seiten · 35 Schwarzweißfotos
13,5 x 21 cm · Gebunden · € 22,- (D) · € 22,70 (A) · SFr 39,50
ISBN 3-930378-36-1
»Auf dieses umfassende Buch hat die deutsche Flamencowelt lange gewartet – ein Standardwerk.«/¡Anda! – Zeitschrift für Flamenco
»Seit Jahr und Tag ist kein so vorzügliches, gründliches, umfassendes und locker geschriebenes Buch über den Flamenco erschienen.«/ Informationsdienst der Einkaufszentrale für öffentliche Bibliotheken

Frédéric Lagrange
Al-Tarab – Die Musik Ägyptens
Vorwort von Rabih Abou-Khalil
Aus dem Französischen von Maximilien Vogel
Gratis-CD · Glossar · Register · 192 Seiten · 26 Schwarzweißfotos
13,5 x 21 cm · Gebunden · € 22,- (D) · € 22,70 (A) · SFr 39,50
ISBN 3-930378-31-0
»Für Freunde der ägyptischen Musik ist das Buch wichtig.«/die tageszeitung (taz)
»Eine umfassende und lesenswerte Darstellung der ägyptischen Musik bis heute.«/Blue Rhythm

Monique Brandily
Kora Kosi – Die Musik Afrikas
Aus dem Französischen von Maximilien Vogel
Gratis-CD · Glossar · 170 Seiten · 22 Schwarzweißfotos
13,5 x 21 cm · Gebunden · € 22,- (D) · € 22,70 (A) · SFr 39,50
ISBN 3-930378-39-6
»Die erste umfassende Gesamtdarstellung über die Musik Afrikas in deutscher Sprache – ein Standardwerk.«/Westdeutsche Allgemeine
»Das Buch müßte eigentlich ein kleiner Bestseller werden.«/Neue Musikzeitung